布局商业生态圈

今 心·著

中国商业出版社

图书在版编目（CIP）数据

布局商业生态圈 / 今心著 . -- 北京：中国商业出版社，2018.2
ISBN 978-7-5208-0201-7

Ⅰ.①布…　Ⅱ.①今…　Ⅲ.①企业管理－商业模式－研究　Ⅳ.① F272

中国版本图书馆 CIP 数据核字（2018）第 015852 号

责任编辑：朱丽丽

中国商业出版社出版发行
（100053 北京广安门内报国寺 1 号）
010-63180647　www.c-cbook.com
新华书店经销
大厂回族自治县正兴印务有限公司
*
720 毫米 ×1000 毫米　1/16 开　11.5 印张　170 千字
2018 年 6 月第 1 版　2018 年 6 月第 1 次印刷
定价：39.80 元
****
（如有印装质量问题可更换）

前言

互联网以及移动互联网的发展推动着商业模式的不断更新。随着新技术的不断应用,产业环境日趋变化,传统的商业模式正在逐渐被颠覆,使得商业生态圈成为一个非常热门的概念。于是企业纷纷布局商业生态圈,实现企业运营管理创新,或者是加入一些大的商业生态圈,在互助共生的环境中寻求自身企业的发展。那么,构建商业生态圈是否会增加企业的利润空间?生态圈优势是否能取代竞争优势呢?这些问题都需要我们重新进行思考。

商业生态圈的发展在很大程度上与自然生态圈相似,每一个处于商业生态圈中的企业都需要有自己的上下游产业链,然后形成一个体系,企业之间互利共赢,共同发展。如今移动互联网已经走进人们的生活,极大地改变着人们的生活方式,促使消费者朝着更加多元化、个性化的趋势发展,这些都促进了人们赖以生存的商业生态系统不断演进,甚至演进方式也在发生根本性的变化。在新的商业生态圈中，各种商业模式分工协作，已经颠覆了传统的商业模式。传统的生态系统是以价值链为基础，上下垂直发展，而新的商业生态系统则是横向协同发展。另外，在新的商业生态圈中，共创共享模式取代了竞争攫取的模式，持续发展取代了成长衰落模式。

纵观全球商业的发展，商业生态圈已经是一个历史的必然性。一个企业想要持续发展就必须了解互联网背景下的商业生态趋势，对商业生态圈有一个清晰的认识。这些内容本书中都有涉猎。另外，在本书中，人们还可以充分理解商业生态圈中的互爱、互助、互惠、共享、共生、共赢等核心理念，从而围绕核心展开自己的商业模式和运营策略。当人们掌握了商业生态圈中的构建要领以及在生态圈模式下的经商策略，更能将大数据作为商业发展的支撑，那么企业想要健康发展就不再是难题。

不同的企业所处的商业生态圈是不同的，每一个企业的发展战略也不相同，但是无论是自己构建生态圈还是加入到别人的生态圈都必须要认识生态圈的规则、掌握一些发展要领。本书列举了很多成功企业的生态圈构建历程，并对它们的发展情况进行仔细的分析比较。希望读者可以从中得到一些经营企业的宝贵经验，使自己的企业更加出色。

在未来，商业生态圈必定会推动经济快速发展，而处于这个大环境下的您也一定需要了解商业生态圈的魅力并加以运用。希望您的企业越办越成功！

目录

第一章
互联网背景下商业生态大趋势

互联网技术的不断进步催生了互联网商业的崛起。在互联网的大背景下，商业模式已经突破了以往传统的商业禁区，一场全新的商业变革正在席卷整个经济领域。新的商业生态已经成熟并且不断向传统经济模式发起强有力的冲击，商业生态在互联网的支撑下已经展现出新的发展趋势，科技对于商业的一场变革开始了。

第一节　分工协作颠覆传统商业模式 / 2

第二节　互助共生成为未来商业发展的方向 / 7

第三节　互联网背景下的大都市商业圈 / 10

第四节　实现传统行业的转型升级 / 13

第五节　共享经济背后的商业密码 / 18

第六节　商业生态化发展是历史的必然 / 22

第七节　未来企业竞争是生态圈的竞争 / 27

第二章
什么是商业生态圈

商业生态圈，作为一种全新的商业模式，使商业呈现出了全新的面貌。商业生态圈的出现，改变了商业旧有的操作方式，许多之前无法想象的事情变成了现实。比如在一定范围内企业间从竞争关系变为了协作关系，实现了强强联手和"1+1>2"。商业生态圈，全新的商业模式，全新的经营理念，给商业圈带来了一场全新的变革。

第一节　商业生态圈是企业互助的平台 / 32

第二节　商业生态圈的萌芽 / 36

第三节　商业生态平台时代的开始 / 41

第四节　商业平台竞争战略 / 46

第五节　移动互联时代的到来 / 50

第六节　大连接时代的微信生态 / 54

第七节　微商生态的繁荣发展 / 58

第三章
商业生态圈的核心理念

商业生态圈的成功，离不开自己的核心理念，正是在这些核心理念的支撑下，商业生态圈才有可能按照自己的节奏不断获得发展。互爱、互助、互惠互利、共享、共生、共赢，每一条理念都揭示了商业生态圈存在的价值，这些理念支撑商业生态圈不断获得发展，成为商业发展的主流。

第一节　互爱之心是商业生态圈形成的基础 / 66

第二节　互相帮助是商业生态圈价值的体现 / 70

第三节　互惠互利是商业生态圈存在的前提 / 74

第四节　共享是商业生态圈的灵魂 / 77

第五节　共生让商业生态圈的效益最大化 / 79

第六节　共赢是商业生态圈的终极目标 / 82

第四章
商业生态圈的构建

商业生态圈的构建，非一朝一夕之功，需要企业慎重决策，有效工作，通过与外界持续有效的沟通才可以完成。构建商业生态圈，需要首先从内部入手，理顺企业内部的管理，然后根据自身需要寻找适合自身发展的企业，共同构建商业生态圈，在这期间还要考虑商业生态圈的运转模式、安全防护、危机公关等一系列的问题，最终使商业生态圈成功运营，不断获得发展。

第一节　从企业内部开始生态圈的构建 / 88

第二节　企业领导的选择 / 91

第三节　网络安全是商业生态圈的命脉 / 93

第四节　价值创造是商业生态圈存在的意义 / 95

第五节　生态圈治理是其健康发展的前提 / 98

第五章
生态圈模式下的经商策略

在商业生态圈模式下，企业经营方式发生了根本性的改变，企业要获得发展，必须要学会在生态圈模式下的经商策略。根据商业生态圈的特点制定自己的经营策略，既要维护整个生态圈的核心利益，又要让自己的企业获得发展，实现企业个体与生态圈整体的双赢，这需要经营者具有极大的经营智慧。

第一节　商业生态圈的特点 / 102

第二节　商业生态圈存在的意义 / 104

第三节　商业联盟的巨大优势 / 106

第四节　圈层商业的广阔前景 / 108

第五节　社群经济的巨大市场 / 110

第六章
商业生态的大数据支撑

商业生态圈的发展离不开大数据的支撑。大数据是随着互联网商业的发展而出现的新的商业要素，大数据给企业带来了巨大的信息流量。通过大数据企业可以获得有价值的市场信息，为自己企业的发展指明方向。大数据让商业生态更加智慧，经营更加有针对性，有效提高了企业的经营业绩，改变了商业的整体面貌。

第一节　认识大数据 / 114

第二节　大数据的发展趋势 / 116

第三节　大数据让生态圈更智慧 / 118

第四节　大数据与信用生态圈 / 120

第五节　如何将大数据"变现"是关键 / 123

第七章
经典商业生态圈案例分析

商业生态圈已经席卷整个商业，成为当下炙手可热的商业模式。敏感度极高的企业进入整个业界的前列，一大批优秀的企业在商业生态圈经营模式下快速发展，迅速成长，成为引领时代发展的精英。通过学习这些优秀企业在商业生态圈上成功的操作经验，会为我们自己企业的经营提供借鉴。

第一节　小米手机的商业生态 / 126

第二节　顺丰的物流商业生态 / 131

第三节　万科的房地产商业生态 / 134

第四节　腾讯的社交生态圈 / 138

第五节　百度的智能硬件闭环生态系统 / 144

第六节　阿里巴巴的商业生态圈 / 147

第七节　汽车之家的汽车生态圈 / 152

第八节　迪士尼的游乐生态圈 / 156

附录

商业生态圈的特征 / 162

电子商务商业生态圈的构建 / 164

互联网金融商业生态圈的构建 / 167

影视行业商业生态圈的构建 / 169

第一章
互联网背景下商业生态大趋势

互联网技术的不断进步催生了互联网商业的崛起。在互联网的大背景下，商业模式已经突破了以往传统的商业禁区，一场全新的商业变革正在席卷整个经济领域。新的商业生态已经成熟并且不断向传统经济模式发起强有力的冲击，商业生态在互联网的支撑下已经展现出新的发展趋势，科技对于商业的一场变革开始了。

第一节　分工协作颠覆传统商业模式

科学技术的飞速发展给人类的生活带来了巨大的影响。以互联网为代表的信息革命猛烈地冲击着传统的商业模式，正在大幅度地改变着当今的市场特质和消费结构。在传统的商业模式中，企业注重的是渠道建设、人员促销以及商品展示，希望通过各种广告营销活动扩大品牌和商家的知名度。但是在今天互联网的驱动下，传统的商业模式已经被颠覆，取而代之的是各种类型的新型商业模式的分工协作。它们是适应"互联网+"时代特征的商业模式。各类企业成功转型，不再在产品上竞争，而是在商业思维和模式上展开激烈的角逐。

✽ 社群商业模式

这种商业模式是以互联网虚拟社群为市场目标的商业模式。互联网的发展促使信息交流越来越便捷，人们已经冲破地域空间的限制从不同的物理空间聚集在同一个平台上，于是社群就这样形成了。这些个体之间具有新的共同需求，并且逐渐形成规模。物质水平的不断提高极大地激发了人们的物质欲望和消费潜能，于是各种不同类型的社群蕴含着极大的消费潜力和市场价值。在这个基础上，社群商业模式被越来越多的企业所关注并且加以应用。

社群商业模式主要是以工具为基础，以社群为平台，最终实现商业交易的功能。例如微信最开始只是一个社交工具，是一个提供人们聊天的平台，但是随着用户群体的不断增多，其中又增加了朋友圈点赞和评论等社区功能，然后又添加了微信支付、手机话费充值、购物等众多的商业功能，根据海量用户的多样化消费需求，各个商家在其中寻找自己的目标群体，形成社群商业模式。

✱ 跨界商业模式

在如今的"互联网+"时代，跨行业经营已经是一个非常普遍的现象。为什么企业没有通过实业转型就轻而易举地在其他行业中干得风生水起，颠覆了传统的行业呢？事实上，这与互联网的本质有着非常大的关系。即用高效率来整合低效率，将传统产业中比较核心的要素提取出来进行再分配，从而使生产关系进行重构，使整个系统的效率得到更大的提升。而众多的互联网企业就是在这种极速变革中产生发展起来的。因为资源共享、开放，所以企业更加容易获取传统行业中的核心技术和产品，然后建立起高效的生态组织系统，更好地运营。互联网企业可以利用这个良好的平台直面消费市场和用户，达到直接沟通的效果，减少了中间很多不必要的运营环节，使得销售成本大大降低。因此当一个企业进行跨界经营时，能够迅速捕捉到行业内的关键要素，然后进行重构，在该市场中迅速占有优势地位，实现行业的颠覆。相比较而言，传统行业会受到既得利益等诸多因素的约束，所以发展上束手束脚难以取得大的突破，但是互联网企业进入新的行业以后，没有既得利益，所以也没有任何顾虑和束缚，可以在该行业进行商业模式和商业思维的创新，并且还能够对行业中已有的模式进行重构或颠覆，取得较大的成功。

❋ 长尾商业模式

长尾的概念最初是由克里斯·安德森提出来的。它主要描述的是在"互联网+"时代，商品无论是流通还是销售等各个环节都已经有了非常宽广的渠道和平台，生产和销售的成本极大地降低，甚至到了个人也能承受的地步。同时随着人们消费欲望的不断释放，人们越来越趋向多元化、个性化的商品消费，甚至更加推崇商品定制化的消费模式。这种消费心理和消费结构的变化对传统的大批量标准化的生产模式产生了非常大的冲击，相比起来，多元化、定制化的长尾商业模式更加能够适应新型市场的特征，其主要的核心就是多款少量，从而满足消费者多元化、个性化的消费需求。这种商业模式对运营平台的要求非常高，企业要降低库存成本，然后通过强大的平台为广大的消费者提供产品或服务。

❋ O2O商业模式

2012年9月的互联网大会上，腾讯CEO马化腾提出了基于移动互联网地理位置信息的新机遇，那就是Online To Offline（O2O）商业模式。这种商业模式可以从狭义和广义两个方面进行。从狭义上讲，O2O就是指线上交易、线下消费体验。一种是线上到线下，是指用户在线上预定或者购买，在线下商户实地享受服务；另一种是线下到线上，是指用户在线下实体店中体验商品，然后在线上进行购买。从广义上讲，O2O已经脱离单纯的商品交易，而是用互联网思维去对传统产业进行改造，实现传统产业链的转型升级，也就是指通过开发共享、平等协作等互联网思维实现线上与线下的深度结合。这种商业模式具有非常大的优势，线上让用户消费更加方便快捷，可以突破空间限制进行多样化的选择；而线下消费可以使用户看得见、摸得着，可以更好地体验商品，线上线下结合起来可以让用户有更加满意的消费体验。O2O商业模式的成功运用主要依靠对二维码的开发和运营能力，因为是线上和线下的关键入口，只有通过二维码用户才能够接触到蕴藏在后端的丰富资源。

✻ 免费商业模式

"互联网+"时代是一个拥有庞大信息量的时代，不断爆炸的信息促使人们很难将注意力集中到一个信息之上，因此，表现出注意力稀缺的状态。如何在重要的互联网企业中获得用户的注意力，就成为"互联网+"时代最主要的核心问题。于是各个互联网企业就开始通过各种模式来抢夺注意力资源。对于互联网产品来说，最重要的竞争优势就在于流量，只有满足流量的要求，企业才会在此基础上构建出适应市场需求的商业模式，创造出更多的价值。因此可以说，互联网经济就是在吸引大众注意力的基础上，把创造出来的价值转化为赢利。

无论在传统的经济形态中，还是互联网的经济形态中，用户始终关注，并且影响消费选择的就是价格因素，这也是众多企业相互竞争的根本点。互联网企业在传统企业获利的领域内，通过优质的、免费的产品吸引到大量的用户群体，然后为这些用户提供新型的、多样化的产品或者服务，使得价值链产生延伸增值，进而重构原有的商业模式，高效、有竞争优势的免费商业模式应运而生。

✻ 平台商业模式

互联网的开放共享性特征使市场和资源得到了无限的扩展与延伸。但是传统企业的产品和商业模式已经完全不能满足消费者多元化、个性化的消费需求，在这种消费结构和消费心理的驱动下，企业必须要不断地转型升级，以满足消费者的需求和迅速的市场变化。而互联网的特质正好符合企业的发展要求，于是人们在此基础上打造出足够大的商业平台，将网络中的各类资源进行整合，然后以合作共赢的宗旨吸引更多的企业和资源加入进来，逐渐形成一个高效的生态系统。这样一来，企业就不会受到人才、能力、资源等方面的限制，能够最大限度地满足各类用户的不同消费需求。

在平台商业模式的打造和选择方面，一般的传统企业和小型的企业不适宜自己打造平台，而是应该参与到已经构建好的平台上来，这样可以直接利用平台已有市场，去发展自己的优势资源和独特服务，深度发掘用户的痛点，然后创造自己的核心产品，逐渐创造出品牌，这样可以有效减少自己创建平台的较大投资，降低企业转型的风险。

除了这主要的六种商业模式之外，互联网企业还可针对自身的发展状况创建出更多符合自身发展的商业模式。总之，如今的商业模式已经展现出前所未有的创新局面，各种商业模式分工协作，共同赢利，已经完全颠覆了传统的商业模式，使商业生态的发展前景更加辉煌。

第二节　互助共生成为未来商业发展的方向

随着商业模式的不断创新与变革，未来的商业发展将呈现出非常明显的三大趋势，即融合、互助共生、变革。

未来商业发展的第一个趋势就是融合。在传统的企业中，其价值链条一直是"供—产—销"，这对企业发展具有非常大的局限性。但是在融合的作用下，企业可以将那些跨界的生态伙伴引入进来，这样就可以突破传统经营模式的樊笼，以新模式更好地发展。一方面通过对价值的创造和挖掘促使企业价值成倍地增长起来；另一方面生态圈的立体化使其与其他生态圈重叠的概率极大地增加，同时也凭空多出很多竞争对手，他们来自不同的领域，并且成长的速度极快，甚至以一种强势的姿态将原本市场上的领先企业吞噬掉。这不是个例，而是一种常见的新商业模式。这种发展趋势给传统企业增加了危机感，想要在市场上取得不倒的地位，单纯地依靠产品已然不能实现，而是要多元化地发展。

Financial-technology 是美国的一个著名网站，它主要为金融行业非专业的人群提供服务，它所采用的方式就是将理财、消费等金融需求和互联网、IT 相关科技关联起来。通过这种方式，该网站迅速占领了市场，这对传统的金融行业造成了非常大的冲击。Mint 在 Financial-technology 界是非常著名的。用户可以将自己的信用卡、借记卡账号与 Mint 账号连接起来，这时 Mint 就会帮助用户做出各种消费分析，包括每月的食物、社交、衣服等方面的用度，更方便的是用户还可以用Mint发行的借记卡来设定自己的消费上限，用户使用该卡，对计划生活产生了很大的帮助作用，它能够有效抑制消费者的冲动购物。由于Mint给人们的生活带来极大的便利，所以它能够得以不断扩大覆盖面积，目前已经与超过1.6万个美国金融机构建立起连接机制。

融合这一发展趋势给企业发展提供了无限的可能性，很多行业开始整合资源向其他领域进军，以期企业能够取得突飞猛进的发展态势。

未来商业发展的第二个趋势就是互助共生。企业对价值的创造与挖掘使未来商业发展都趋向于跨行业融合，而这种跨行业的竞争对原有市场的企业就会产生非常大的冲击。如今市场经济的透明度越来越高，企业无论在资本上还是技术上都不断地发展壮大，这就使得生态圈中的竞争越来越激烈。行业内原有企业要保证自己的地位，而跨界企业想要迅速占据市场，这时各个企业就开始使用自己的手段，于是有的企业打价格战，有的企业依靠媒体宣传，无论怎样的竞争模式，对于企业来说都是非常不利的，因为竞争会大大提高自己的销售成本。因此，建立一个互助共生的经济模式就显得格外重要。

苹果是一个享誉全球的品牌，以便捷高效受到人们的青睐。苹果生态系统之所以能够发展成功，最主要是因为苹果的平台上聚集了大量的软件开发商。这些软件开发商通过苹果提供的平台找到一系列标准化的接口，然后通过这些接口将各自的功能展现出来。苹果也因为各个软件所提供的优越性能开始畅销。

软件开发商通过苹果的平台将自己的软件价值分享给大家，而苹果生态圈所产生出来的价值也被软件开发商所共享着，这样一来，各个交易环节都相对简化，使销售成本大大地降低。为生态圈创造出更多的价值。

这种互助共生模式不仅没有影响到企业的发展，反而使各个企业都提升了赢利空间,并且完好地生存下来,这是众多互联网企业共同的发展目标和趋势。

未来商业发展的第三个趋势就是变革。传统企业的商业模式之所以轻而易举地就被颠覆,主要是因为企业内部缺乏变革的思维。在"互联网+"时代,如果企业只是依靠打造优质产品获胜,那么发展就会受到很大的制约,甚至很容易被其他行业跨界拍到沙滩上。这是因为传统的企业经营模式已经难以满足消费者多元化、个性化的需求,在互联网经济时代,企业要想生存发展就必须要有新的思维。企业在创新的道路上跑得越快,变革越多,企业发展就会越来越好。这是未来商业的发展趋势,也是企业立于不败之地的唯一方式。于是众多的互联网企业不断更新产品,更新商业模式,企业的管理者也不断跟随市场的变化形势对企业进行调整,努力去适应商业发展的新常态。

对整个生态圈的监管和合理管理是保持商业变革良好发展的最好手段。有问卷调查显示,有些被调查的企业担心生态圈治理缺乏组织与机制,也有的企业担心合作方并没有充分的治理和管理手段。这就使未来的商业变革增加了很多不可控性。

未来商业的发展趋势不仅展示了新常态下的商业特征,同时也为整个生态圈的发展提供了更多新的机遇。通过融合、互助共生、变革,每一个行业领域中都可能会发生翻天覆地的变化,这就对商业经济的发展提出了更高的要求,促使各个互联网企业更好地为消费者服务。

第三节　互联网背景下的大都市商业圈

现代商业圈正在经历着一场非常大的挑战,它受到来自各方面的压力和影响,例如世界经济形势低迷导致的消费者购买能力下滑,电子商务对商业圈的剧烈冲击等。为了应对挑战,在经济市场上争得一席之位,各个商业圈开始以自己的方式去谋求生存和增长空间,例如商业定位、特色主体、业态载体等各个方面的调整与转型。那么在互联网背景下的大都市商业圈具有哪些特征呢?大致可从三个层面进行归纳,即商业圈目标市场、商业圈层级地位、商业圈业态结构。

从商业圈目标市场来看,最明显的特征就是顾客价值最大化、时尚消费年轻化、特色品牌自有化。现代商业圈的发展正在发生着本质上的变化,从最初的粗放式扩张,逐渐转变为内涵式提升,这就表明互联网背景下的大都市商业圈也要发生一定的转变去适应市场需求,于是过去的二房东、跑马圈地、价格战等已经完全跟不上时代的步伐,而顾客价值最大化、时尚消费年轻化、特色品牌自有化已经成为大都市商业圈的主流选择。商业圈也从"大众市场"转向"目标市场"。那么顾客价值最大化、时尚消费年轻化、特色品牌自有化这三大特征的内涵具体是怎样的呢?

(1)顾客价值最大化。随着人们消费水平的不断提高、消费喜好逐渐趋向多元化、世界消费观念及生活方式的改变,未来大都市商业圈业态发展的核心目标也会发生变化,最主要的核心内容就是顾客价值最大化。这是因为任何业态的发展都是以服务顾客为主要赢利手段，没有顾客企业就难以在生态圈中发展立足，所以服务顾客是任何企业发展的第一要务。如今的商业圈已经发生了本质上的变化。过去商业圈仅仅是商品交易的场所，只要完成这个环节即可，而如今，商业圈不仅要承担顾客整个购买的过程，同时还包括其体验享受。这就对商业圈的发展提出了更高的要求。很多大型商场已经改变了原有的以促销为目的的商业模式，而是注重打造更好的生活方式以及顾客体验，针对不同的客户需求提供超值的服务，从中获取更大的利润空间。

（2）时尚消费年轻化。现代商业圈主题、品质的核心业态主要集中在化妆品、品牌服饰、休闲娱乐等几个方面。大都市商业圈正在单方面地通过精品化和高档化来提高商业圈品质，这种经营模式的竞争压力越来越大，于是许多传统企业开始在转型过程中寻找新的主题，最后集中在"时尚化、年轻化"上，促使商业圈展现出新的生命活力，而那些年轻的、追求时尚的消费群体也就自然地成为众多企业的目标顾客。

（3）特色品牌自有化。电子商务的快速增长对传统企业产生了巨大的冲击，于是各种短板开始显现，如百货业缺少了品牌的掌控力以及定价权等，从而导致传统的商业圈逐渐走向衰落。我国百货业本身对品牌的控制力就比较弱，如今进入电子商务繁盛的时代，更使传统行业面临极大的挑战。针对这样的状况，国外很多百货单体店开始针对目标群体建立自己的品牌，这种模式不仅拥有固定的消费群体，同时还能解决各种短板的问题，无论是采购还是营销，全部由自己自有，等到品牌成功以后，企业就可以利用知名品牌带动其他不知名品牌的生产活动，逐渐摸索出新的销售路径。

从商业圈层级地位来看，国际化与社区化是最明显的特征，也是商业圈适应消费结构演变的基本方向。

国际化特征也就是广域化的特征。随着交通条件的日渐便利，很多大城市的国际地位正在不断地提升，它们之前的商业圈主要涵盖的是城市本身的消费群体，如今则将消费目的地逐渐转向国际级别的商业中心，消费群体涵盖的范围也日趋广泛，不仅包括城市和本国的中高端消费人群，同时还增加了国外的一些旅游购物人群，形成一个多元化的国际化商业圈。另外还有一些国际城市，他们通过旅游、购买等消费目的，带动服务行业的发展，逐渐形成国际化的特征。

社区化特征也就是属地化特征。对于本地消费者来说，大都市商业圈的主要发展特征就是最大限度地满足和提升消费者的需求，并且不断激发消费者新的消费需求。其最主要的实现方式就是便捷化的利民服务。于是社区化商业逐渐成为商业圈布局最重要的内容。

从商业圈业态结构的层次来讲，互联网背景下的大都市商业圈最主要的特征表现为电子数码卖场商场化、百货店购物中心化。

时尚消费涵盖的内容非常广泛，其中电子数码就是一个重要的消费内容，是顶级商业圈中不可或缺的业态。但是在电子数码的卖场中，经常会出现一系列不规则的买卖现象，例如强买强卖、黑导购等，严重影响了整个业态的健康有序发展，甚至还会对整个商业圈中的品牌形象造成严重的损害。因此，互联网背景下大都市商业圈在管理模式上要有变革，注重通过最前沿的消费电子产品、最佳产品性价比、最周全最人性化的服务等各种方式，引领电子数码的消费时尚。

百货店商业圈同样也经受着商业圈目标群体年龄结构变化等外部冲击，这种外部冲击促使传统的百货店逐渐向购物中心之类的规模发展，从而增强消费者的购物体验，还可以衍生出更多的娱乐服务性内容。从目前的发展情形来看，这种方式是对抗电子商务最有效的武器之一。

第四节　实现传统行业的转型升级

互联网是促使传统行业转型升级最根本的冲击动力。2013年百度联盟大会上,百度董事长李彦宏曾经发表观点演讲,在他看来,尽管互联网在中国还是一个比较小的产业,但是传统企业正在被互联网淘汰,很多互联网之外的产业都将受到互联网强势的冲击。因此,受到外力冲击的传统企业纷纷出现问题,不得不转型升级,以更好地适应市场需求。

从目前的发展情形来看,互联网正在以一种不可阻挡的趋势和能量影响着中国的各个产业。从利益方面来看,在互联网带来的新机遇下,传统企业也能够成为最大的收益者。它们想要在日趋激烈的市场竞争中淘汰竞争者,最好的方式就是通过互联网跨界实现转型升级。从互联网现在的发展态势来看,传统行业转型仍具有非常大的优势,其主要体现在三个方面:第一,互联网对其他产业的影响才刚刚开始;第二,传统企业还具有非常多的发展机会;第三,传统企业能够与互联网进行完美的融合。

✷ 互联网对其他产业的影响

工业时代,传统企业的发展主要依赖于规模效益,规模化生产是产业发展最主要的推动力。然而经济发展到现在,后工业时代的企业发展动力已经改变,一个企业想要取得长足的进步与发展,主要依靠于服务和品牌。在以前的企业发展过程中,人们总是将"创新"作为一个指导性的口号，但是在实际行动上，并没有真正地落实，但是在互联网快速发展的今天，中国的各个产业要想在行业内立足，不被轻而易举地淘汰，就必须要进行创新，因为只有创新才能满足人们多元化的需求，降低成本创造利润成为企业发展最根本的动力。

在如今的行业发展中，很多企业已经把电商作为企业发展升级的手段。但是互联网对传统企业的影响巨大，绝不仅仅止于此。互联网与移动互联网所推动的电商模式，正在从买方是客户个人的商业模式逐渐向买方是企业或商户的商业模式改变着。这两种模式表面上是买方的不同，实际上的影响差异却是极大的。买方是客户个人的商业模式影响的只是个人的购买习惯，但是买方是企业或者是商户则可以推动一个领域甚至整个社会的进步与发展，具有非常深远的影响。

在过去，很多中国的中小制造企业主要是以降低成本来获得最后的胜利，但是现在，它们也开始关注新技术的投入以及新的发展趋势，通过产业转型升级推动企业发展。另外，还有一些高端企业在过去只是服务于大客户，发展空间具有很大的局限性，但是现在这些企业也开始通过互联网扩大客户空间，服务于一些中小型客户，使企业更接地气。

尽管互联网的发展速度已经非常快，但是从其他产业受影响的程度上来看，这一切才刚刚开始，从发展趋势上来看，互联网并不是一个非常大的产业，但是它所能影响到的产业范围却是不可估计的。

✷ 传统企业的发展机会

在"互联网+"的时代背景下，各种企业的发展机遇是无限广阔的，并且让人们看到了极大的希望。那么，谁会抓住这难得的发展机遇呢？可能从表面上来看，这些发展机遇来自互联网，就一定属于各个互联网企业。但是，事情并不是绝对的，传统企业发展到今天，必定有自己的发展优势，即使到了互联网时代，它们也可以充分地发挥自己的优势，在"互联网+"的时代背景下争得一席之地，所以传统企业仍然具有非常多的发展机会。那么，传统企业的优势主要体现在哪些方面呢？事实上，最重要的就是思维和资源。

从商业思维方面来看，传统企业具有很多让人称赞的地方。也许很多人会说，传统企业的商业思维陈旧，缺少发展性的战略眼光，但是就对商业本质的认知上来说，传统企业仍占据一定的优势。互联网企业注重对商业模式的强调，但是很多互联网企业却因为没有找到适合自己的商业模式而导致创业失败，它们注重流量，但是流量却不是企业发展最根本的保证。但是在传统商业领域中，很多企业的商业思维是互联网企业很难学会的，这就给传统企业的发展增添了更多的发展机遇。

从资源方面来看，传统企业的资源优势主要体现在两个方面，即供应链和服务链资源。以家电行业为例，互联网促使京东商城迅速发展，成为知名度极高的家电销售企业，但是与传统的苏宁相比较，无论是供应链还是服务链资源，京东都逊色一些。之所以会出现这样的比较，是因为供应链和服务链的累积在短时间内是很难完成的，而是需要长时间的积累，而在这方面，传统企业的优势就展现出来了。

✳ 传统企业与互联网完美融合

随着互联网的不断发展，各种互联网企业纷纷涌起，有的互联网大企业不断进行重组并购，总之，互联网企业展现出一片大好的发展形势。在这种形势的冲击下，传统企业会不会受到影响？它们的出路又在哪里呢？

2008年的经济危机让很多传统企业都受到了极大的冲击，于是都开始在互联网中寻求商机，这就促进了电子商务3.0时代的到来。但是让人感觉到遗憾的是，互联网的发展并没有促进传统企业电商之路的成功，风生水起的企业毕竟占有非常小的比例。很多传统企业对互联网的使用并不是特别合理，它们将互联网作为一条甩尾货的通道或者是搜集客户信息的渠道，从而来影响自己的产品生产。那么，互联网对于传统企业的作用确实就只有这些吗？答案是否定的。

从目前的发展形势来看，互联网与传统企业正在以一种加速融合的状态发展着。互联网利用自身的技术优势和网络优势，改造传统企业，提升传统企业的业务能力，促使传统企业的发展节奏逐渐加快，紧跟时代发展的步伐。在未来，传统企业会与互联网企业进行完美的融合，最终形成一个体系。不再有互联网企业与传统企业之分。传统企业想要发展，就应该保持自己的优势资源，然后利用互联网作为创新和发展的工具，更好地为客户服务，使企业管理效率得到极大的提高，然后创建一套传统企业与互联网融合的新规则。这样一来，那些融合于互联网的传统企业很容易就会将那些落后的企业淘汰出局。

之所以传统企业融入互联网之后就能创造更广阔的发展空间，最主要的原因还在于互联网对于传统企业来说具有非常重要的价值。通常来说，互联网对于企业的价值主要体现在三个方面，即网络优势、公司治理优势以及技术优势。

网络优势对于企业的作用可谓是全方面的，它不仅可以拓宽产品的销售环节，更重要的是网络营销。网络营销至少要包含三个层面，即客户、品牌和产品。对于传统企业而言，营销是一个非常关键的环节。传统企业通过互联网销售模式，接触到大量的长尾客户，使消费群体迅速增长起来。品牌对于传统企业的生存同样至关重要，通过互联网，企业的成本降低，效率提高，对品牌的打造具有非常重大的意义。在产品塑造方面，传统企业可以通过互联网搜集大量的长尾数据，然后根据这些数据对企业生产进行指导，重新塑造产品以适应市场多元化的需求。

公司治理优势主要在于公司发展的战略指导，企业能发展到怎样的规模主要取决于公司管理者的商业思维。在传统企业模式中，每一个人都有固定的工作岗位，大家每天按规定完成任务，缺少创新的活力。但是在互联网时代，企业需要更多的学习力和创造力，这种互联网思维能够促使企业焕发出新的生机和活力，从而不断地加强对自己的改造。

技术优势是企业始终处于领先地位的基本保障。在互联网技术的革新下，传统企业借助微信、微博、网站等各类网络手段来更好地服务客户，这种发展趋势已经不再是使用多样化手段为客户服务，而是企业流程的再造。换句话说，企业加速自我升级改造事实上也是一个自我淘汰的过程，无论是产品还是技术，甚至是思维，都在不断更新，将旧的东西全部淘汰。

第五节　共享经济背后的商业密码

"互联网+"时代背景下的商业生态圈最重要的核心理念之一就是共享。这一理念的提出，对生态圈内资源聚合的经营场景与规则进行了重新定义。在互联网的平台上，各个企业一改传统企业竞相攫取的模式，实现共享的状态。在这种共享理念的驱动下，企业突破各种限制进行资源整合，它们更加注重系统内成员之间的相互合作，然后凭借各自的能力实现资源共享，进而促进共享经济的形成。

所谓共享经济就是基于陌生人且存在物品使用权暂时转移的一种新的经济模式，其主要目的就是获得一定的报酬。从本质上来看，共享经济就是通过对线下闲散物品或服务者进行整合，让他们以较低的价格提供产品或者服务。人们可以将闲置的资产出租给别人谋取利益，与此同时，自己也可以去租用别人的财产，这样就实现了资源共享的价值。关于共享经济理念，我们可以从三个维度来进行理解，即共享互助的全生态世界观、顶层生态思想、共享经济产业化。

全生态世界观是指宇宙、人生、万物无蔽的自然生存、演进的系统。全生态是各部分之间全息、全能、全逻辑关联的统一整体。关于全生态的概念，是当代人学家张荣寰在2007年5月首次提出的，这个概念也被称作是一原的存在，全生态的本质是无蔽的。

顶层生态思想是以协和、联动、共享、赋能打造全球价值链为路径，其使命就是建设生态文明，其最终的目标就是实现人类命运共同体。

共享是集全生态道路、互联网思维、资本精神三位于一体的。运用全生态世界观、互联网思维、资本精神来构建人类命运的共同体。

从共享经济产业化的纬度来理解，行业生态链可以升级成为产业共享经济，而产业共享经济又可以升级成生态联动经济。通过产业共享经济，中国从世界工厂的中国制造升级成为中国创造，而通过生态联动，世界泡沫升级为世界乐园。

共享经济的理念在于共同拥有而不占有。这种理念应用到商业活动中可以催生出很多种模式。这种共享经济理念在很多行业都有体现，例如全球最大的民宿提供商爱彼迎（Airbnb）没有任何房产资源、阿里巴巴没有一件库存商品等。

那么如何将共享经济具体落到实处呢？那就是把共同拥有而不占有的理念应用到商业模式中去。当然，这种应用并不是轻而易举就能去执行的，它需要必备以下四个前提条件。

首先就是要创建共享的环境。租用他人的资源并不代表是共享经济，它们之间还需要很好的连接。一些有互联网头脑的人，会使用非常低的成本将一些闲置的资源连接起来，然后进行按需分配，这样就形成一个可持续发展的过程，并从中获得利润回报。在这个发展过程中，人们对资源进行充分的利用，彼此之间既是资源的拥有者又是资源的使用者，这样每一个人都有机会与其他的资源接触，拓宽自己的发展空间。

其次是资源要富余，甚至过剩。生活中所能用到的东西都可以租用。例如二手包、二手衣服，尤其是婚纱，大部分人一生只穿一次，所以租用更加实际，婚纱店的租赁业务是共享经济很好的体现方式。

再次是按需分配。想要实现共享经济，前提是要有需求，这样人们才会有共享的愿望。例如现在的打车业务，在你下单以后，系统就会将离你最近的车主计算出来，从而将你的订单推送给他，这样你就可以在最短的时间内实现乘车的需要。

最后就是有利润回报。无论是对外租赁房屋还是租赁车子，资源的拥有者都必须要有一定的利润空间，这样无论是资源的使用者还是拥有者都有利可图，实现了经济收入。

在这样的四个前提下，共享经济的平台才能够建立起来，但是如果想要这个平台持续地发展下去，那么还必须要有较好的保障才行。这时信任和服务就是两个必不可少的条件。无论是爱彼迎还是优步（Uber）都在平台发展的过程中遭遇过很大的问题，例如因为缺乏安全保护措施，爱彼迎中房主的东西丢失，优步中不断有司机作弊，这对企业的影响是非常大的。这时，如果想要保证平台的良好发展，企业就需要建立一个产品的信用体系，使整体的安全性提升，包括支付、评价、客服、沟通。当这个体系成为生活的常态，人们对其安全性就不会再提出质疑。

作为当今主流的发展型经济模式，共享经济在各个领域出现并迅速覆盖，整体体量也在逐年增加。有报告指出，近些年来共享经济企业出现了突飞猛进的增长趋势。共享经济的迅速崛起与快速发展并不是在一个偶然的情况下出现的，它是经济水平发展到一定阶段的必然结果。随着人们经济水平的不断提高，人们的消费越来越趋向于多元化、精细化。这是传统的粗放型企业所不能完成的，它无法完成资源的高效配置。而共享经济恰恰能够满足这一经济需求，它会将闲置的资源进行合理的配置，然后满足各种差异化的需求。在互联网的迅速发展下，共享经济借助其力量形成新的社交信赖体系，颠覆了传统的产业形态。

在传统的商业模式产业链中，包含的环节有很多个，例如采购、储存、研发、销售等，无论是在管理还是流通的各个渠道都需要花费大量的费用。而共享经济大大降低了销售成本，将这些流程在很大程度上进行减免和优化，不仅使消费者享受了完美的服务，同时也降低了成本，这与传统模式相比具有非常大的优越性。这种共享经济模式不仅使消费者得到了实际上的优惠，平台方面也通过对闲置物品的再分配获得极大的经济利润，于是就形成了一种社会资源有效利用的双赢局面。

共享经济的发展能够引领产业方面的变革。随着人们消费水平的不断提升以及社会资源不断的丰富，"占有"已经不再是人们关注的重点，同时也无法体现资源的价值，而"共享"却是时代发展的主旋律。共享经济已经得到了国家的高度重视与支持。无论是房屋租赁还是交通出行，各个领域都出现了共享经济。在商业巨头的示范与带领下，在国家政策的鼓励与支持下，共享经济还存在无限的可能性和创新机会。它可以渗透到社会发展的各个领域中去，包括物流快递、资金借贷、生活服务、交通出行等。到目前为止，很多具有先见之明的企业已经逐渐将共享经济引入自己的管理理念中，积极布局新的产业模式。在这种新的经济观念引领下，各个领域都将会创造出一个集社交、服务、体验为一体的新世界。

第六节　商业生态化发展是历史的必然

文明是人类历史发展的必然结果，商业生态圈也有历史发展的必然性。随着"互联网+"时代的到来，各种新技术不断涌现，共享经济正在以不可阻挡的趋势发展着，这些都为企业打造开放性的生态圈提供了极大的基础与保障，传统商业圈已经打破现有的格局，正朝着突破空间限制的生态商业圈发展。这是传统企业未来发展的必然趋势，同时也是生态圈必然的战略选择。

新技术和共享趋势给传统企业商业模式创新、企业价值提升创造了无限的可能性，企业在社交化的时代背景下，不断地接受着与外部资源开展全面开放和链接的要求，而要实现这种开放性的链接，企业就必须要通过创新生态圈来实现。那么，企业开放创新生态圈具有怎样的内涵呢？仔细探究，其内涵可归结为三个方面，即异质性、互惠性、嵌入性。

异质性是生态学中的一个说法，即生物多样性可以导致生态系统功能优化，同样的，在商业生态圈中，也需要有异质性的参与者。如果一个生态圈中的异质性越高，那么生态圈的生命力就越强。异质性高的参与者可以是任何一种机构，例如投资商、社会公共服务机构、贸易合作伙伴等。

互惠性是商业生态圈保持稳定与平衡的关键。其中的各个企业既有付出也有收获。它们通过参与创造出价值，然后按照合理的机制分得一定的价值，在这种环境下，生态圈中的众多企业都能实现共赢的结果，每一个企业都能实现自己的发展平衡。

嵌入性指的是事物内生或者是根植于其他事物中的一种现象，通过嵌入，不同的事物之间产生联系，并且逐渐互相信任，形成一个共同发展的机构。在商业圈中，经常会发生嵌入的现象，嵌入度高就意味着各成员之间产生了紧密的联动关系，并且在发展的过程中，各成员之间高度信任，它们之间总是保持着非常频繁的互动，进行高水平的投入。

了解了企业开放创新生态圈的内涵，但是在实践应用中，我们又该怎样去构建这样一个系统呢？该采取怎样的策略呢？通常可以从五个方面去着手。

（1）创新理念。一个企业想要发展壮大，在商业生态圈内屹立不倒，就必须有一个最根本的基础，那就是创新理念的引领。很多时候，一个创新的想法最终会通过一系列努力发展成为一个伟大的企业，然后该企业在源源不断的创新理念引领推动下，自发与其他企业建立紧密的联系，共同创新，形成互利共赢的合作伙伴关系，大家共同致力于多组织、多维度、不同层次的共生关系，从而形成一个不断创新的商业生态系统。在创新理念的引领下，商业生态圈不断发展延伸，给人类发展创造出无限的可能性。

（2）保持企业组织扁平化与多样性。所谓企业组织扁平化主要就是指管理层次少但是管理幅度大。这样的组织结构具有非常大的优势，不仅使管理成本大大降低，同时信息纵向流动的速度非常快，可以有效避免创新思维在组织层级向上传递的过程中被忽略或者漠视，影响创新活力。但是这种组织扁平化机制对企业管理者有着非常大的考验，因为管理层级少，所以每一层管理人员的能力必须要高，无论是业务还是规划方面都要有出色的能力才行。另外在开放创新生态圈中，企业组织结构要保持多样性和异质性的特点。生态圈的参与主体通常都各具特点，按照这些特点，它们可以分成不同的组织结构，例如横向创新组织、内部创新组织、公共信息组织、纵向创新组织等。而生态圈组织异质性特点可以在很多方面体现出来，例如知识与技术、资源、地理等，正因为存在异质性的特点，参与进生态圈的各个主体才能够更好地实现跨界融合，不断创新。

（3）创新联盟。企业构建创新生态圈最有效的策略就是创新联盟，集更多的力量进行创新，效果会更加明显，联盟方式也多种多样，不仅有各个龙头企业强强联手，也有一些中小型企业相互扶持，还有的产业集体联盟，甚至国内外的企业进行资源链接。

（4）将资源进行链接。资源是生态圈发展的根本，无论是向外扩展还是进化，企业开放创新生态圈都需要有效挖掘和吸引各种创新资源，而要想将资源和企业链接起来，就需要实现社交化。

（5）开展企业创新大会。企业创新大会是规模弘大的企业头脑聚会，可以邀请企业多元生态伙伴，对自己的创新想法进行陈述，从而激发各个领域的创新活动。各个企业在创新想法的驱动下，不断改进自己的产品和经营方法，使企业发展更加顺畅。

综观传统商业圈，大多是由多个购物中心等组成集约型商业中心，它的配套设施能够满足周边居民的各种日常需求，而生态商业圈是在传统商业圈的基础上，又将公园、森林、湿地等各种生态系统叠加起来，给人更强的互动与体验，使商业价值最大化。在传统商业圈中加入生态休闲和观光的功能，这种做法在国际商圈建设中非常流行。由此可见，从传统商业圈到生态商业圈是企业发展的历史必然性，也是企业生态圈战略必然的选择。

在生态商业圈的冲击和影响下，传统的商业圈暴露出越来越多的问题，使其面临越来越多的挑战。由于传统商业圈对周围居民的辐射力度越来越强，所以想要将周边之外的消费者吸引过来是比较困难的事情，同时人们的消费形态也发生了很大的变化。另外，传统商业圈不仅受到实体商业圈的影响，同时电商对生态圈的影响也非常大。在过去，一旦某一品牌树立起来以后，就会以非常疯狂的速度扩张，但是电商出现以后，这些品牌的扩张速度明显会受到影响，开店速度明显放慢了很多。与传统的商业形态相比较，生态商业圈更倾向于娱乐、餐饮、旅游等形态。

面对传统商业圈出现越来越多的问题，很多业内人士担心传统商业圈会在生态商业圈的崛起下迅速地被覆盖起来，甚至被更多参与性的生态商业圈所替代。事实上，这一点是不用担心的，就目前的发展形势来看，传统商业圈和生态商业圈是互相补充的，二者会出现互助共生的格局。

以电商为例，如今电商的发展可谓是非常迅速，对传统商业圈具有非常大的冲击，但是从整体的影响力来说，电商并不能够完全左右市场。它的出现并不是要对现有的市场进行瓜分，而是更好地壮大这个市场，而生态商业圈的出现也具有相同的功能，它们不断地促进各地商务、休闲、旅游、娱乐等方面的规划建设，并且找到与城市和区域发展相匹配的定位。

关于生态商业圈的认识，很多人会觉得生态商业圈只是一个把环境做好、参与性强、互动体验感强、购物环境更好的商业圈。从国外一些成功的发展过程来看，生态商业圈必须要具备三方面大的要素才行，即繁华的商务氛围、互动体验式的购物环境以及良好的生态植被，只有包含了这三方面的要素，才能称得上是生态式的商业圈。这三个要素之间是相互联系、相互依存的，并且由此能够形成一个共容共生的商业生态系统。

总之，传统商业圈与生态商业圈虽然处于一种共生的状态，但是生态商业圈的发展已经让我们看到了更加美好的商业前景，能够极大地满足人们多元化的消费需求，使体验性、互动性更好，因此商业生态化发展是历史发展的必然。

第七节 未来企业竞争是生态圈的竞争

在"互联网+"时代背景下,企业之间的竞争已经脱离了产品的竞争,而是商业模式之间的竞争,而互联网的使用已经渗透到各个社会领域,包括医疗、农业、工业、零售等。同时,这种商业模式正在逐渐升级,已经开始出现生态圈之间的竞争。因此未来企业如何构建自己的生态系统,将自己蜕变成生态型企业已经是一个非常重要的问题。

怎样的企业才算是生态型企业呢?所谓企业的生态系统就好像是大自然的生态系统。大自然生态系统中有很多构成元素,例如阳光、空气、水、动植物等。而企业的生态系统也有很多构成元素,生态型企业依靠自身的平台,通过业务资源整合、延伸产业链,最后构建起自己的生态系统。

✱ 生态型企业的诞生

大自然生态圈的形成是一个非常缓慢的过程,生态型企业的诞生也不是偶然的结果,它的构建与发展也有一定的基础和时机。生态型企业之所以能够诞生并发展起来,主要是依靠平台的建立与发展,而双边市场又是平台发展的根本动力。

双边市场是一个或几个用户通过平台交易所产生的,用户需要缴纳一定的费用,同时也希望能够从这个平台上获取利润,至少不会造成利益的损失。平台上的交易涵盖范围非常广阔，包括有形产品和无形产品两个部分。因此，这种双边市场的模式可以出现在更多行业的应用中，例如各种电子商务平台，就是通过买卖双方实现的。

互联网领域的四大基础应用，即im、邮箱、搜索、电子商务的出现催生了一大批平台型企业，目前比较著名的有腾讯、百度、阿里巴巴等。在经营模式上，这些平台型企业具有非常大的相似性，那就是在最初阶段主要的目的就是不断地积累人气，让越来越多的人了解平台，使用平台，他们最常用的手段就是让用户免费体验，一旦将用户绑定以后，他们就开始收费，以谋取较大的利润。

有了平台基础的支撑，企业就能将不同的产业链连接起来，然后进行资源共享，构建起一个生态圈，这样的企业也就成为了生态型企业。以阿里巴巴为例，它就是通过电子商务平台，将各个创业者和企业紧密地联系起来，实现信息共享，赢得消费者的青睐，最后将自己打造成健康的生态型企业，而企业发展的最大优势就是广大的客户群体和良好的平台优势。

✳ 企业间生态系统的竞争

随着企业在市场中的竞争越来越激烈，生态系统在其中的作用也越来越明显。以微软为例，它通过PC操作系统平台的强势地位和庞大的合作伙伴队伍，以非常快的速度构建起属于自己的生态系统。有了这套生态系统以后，系统中的各个企业开始为微软提供产品服务，与微软进行合作，凭借这种合作关系，微软得到了急速的发展，到2007年，微软的Windows Mobile操作系统已经在超过140种手机上运行，为企业赢来巨大的利润。

企业对于产业链的追求是无限的，它们无论从横向还是纵向上都在不断扩展自己的实力范围。在这个扩展过程中，生态型企业出现了，这就是人们经常提及的控制动机。企业进入生态圈最根本的动机就是扩大规模，降低运营成本，增加利润，实现协同效益。如果一家企业因为发展需要对另外一家企业进行并购，那么企业所得到的利润甚至会超过两家公司预期的现金流之和。一个企业的收益就会带动其他合作伙伴的利润增加。由此可见，企业构建生态系统的目的主要就是控制产业链，并且同时能够享受协同效益所带来的极大便利。

✹ 生态型企业的发展前景

随着消费水平的不断提高，客户的消费要求也不断增加，逐渐向多元化发展，因而一体化的解决方案势必会应运而生，这将在很大程度上带动产业链由单一的线形向生态型转化。另外，生态型企业内部的平衡能力和抗御风险的能力都比较好，一旦遇到问题就能迅速进行调整与修复，从而能够将损失降到最低。这样一来，生态型企业的发展就更加有保障，未来将会呈现出大好的发展形势，它或将占据未来市场的极大部分。

生态型企业要想在未来长久地占据大部分市场，就必须要切实解决好系统内部的各种核心问题，例如产业链开放、专注用户与核心业务等。

企业要想发展成为生态型企业，首要任务就是构建自己的生态圈。在构建的过程中，企业必须要重视客户的作用，将客户的需求放在企业发展的重要位置。因此很多企业在开展生态圈构建的最初，都采用免费体验的手段，将客户吸引过来，聚集大量的用户资源，让其逐渐产生依赖感，最终成为企业忠实的用户。

企业发展成生态企业的第二要务就是发展自己的核心业务。有些企业没有自己的主营业务，而是盲目地遍地撒网进行扩张。表面上看企业的规模逐渐壮大，展现出蓬勃的发展势头，但这类企业一旦遭遇市场冲击，就会因为缺乏核心竞争力而导致全面失败。所以企业要想长久发展，就必须保证构建生态系统的每一步都是基于相关的部署。

另外，生态型企业要想在未来市场上占据优势地位，在管理方面的问题也应该重视起来。由于生态型企业在财务核算上具有相对的独立性，所以各个子公司与其下属部门之间在协同时就容易出现一些摩擦，这对企业的发展是非常不利的。如果企业内部各个环节之间的信息交流不畅，那么就会影响企业的管理效率。除此之外，生态型企业在未来面临的问题还有很多，都需要管理者进行很好的把控与调整。这样，生态型企业的发展前景才会越来越好。

总之，在未来的市场中，企业之间的竞争主要是生态圈的竞争，并且这种竞争会越来越激烈，这对管理者提出了更高的要求，不仅要具有创新意识，同时还应该掌握好环境动态，维护好自身生态圈的健康发展。

第二章

什么是商业生态圈

商业生态圈,作为一种全新的商业模式,使商业呈现出了全新的面貌。商业生态圈的出现,改变了商业旧有的操作方式,许多之前无法想象的事情变成了现实。比如在一定范围内企业间从竞争关系变为了协作关系,实现了强强联手和"1+1>2"。商业生态圈,全新的商业模式,全新的经营理念,给商业圈带来了一场全新的变革。

第一节　商业生态圈是企业互助的平台

"生态圈"原本是自然科学中的用语，但是现在却成了互联网经济里的热门话题。"生态圈"的概念之所以会出现在商业研究领域中，是因为1993年美国学者詹姆斯·穆尔首次在《哈佛商业评论》上提出了"商业生态系统"的概念。之后，这个词被广泛传播，尤其是一些科技公司更是将这个商业生态系统发扬光大，在他们看来，自己向世界推出的不仅仅是产品，而是通过网络将企业与用户、用户与用户全部联系在一起。

事实上，商业生态圈就是企业互助的平台，是中小企业的互助联盟。通常情况下，生态圈主要是由一家强大的公司作为主导，把自己企业的业务作为核心，然后寻找上下游产业链的一些相关企业进行合作，其中也包含核心企业所建立起来的子公司。产业链连接以后，各个企业之间实现资源共享，互相取长补短，减少自己的劣势，共同构成一个非常强大的联盟，从而蓄积足够的力量去对抗大企业或者是其他的商业联盟。如今，商业生态圈在很多企业中都被重视起来，例如阿里巴巴、华为、腾讯、小米等，它们只是因为核心企业的不同而产生了不同的生态模式。很多事实表明，影响一个企业成功与失败的因素不仅仅只有自己对企业的掌控，同时还有第三方合作关系的改变。

在商业生态圈中，每一个中小企业都发挥着不同的功能和作用，它们一方面进行自我管理、自我发展，另一方面又形成一个互相依赖的共生系统。虽然其中的每一个企业都有不同的利益驱动，但是都能实现资源共享、互利共生，共同维持生态系统的有序发展。

生态圈中的中小型企业成员需要面对多方面的需要，包括个人或特定的群体的生理、精神、心理、环境、家庭等。因此，先进的现代信息管理技术与金融、物流等行业的深度融合，有助于商业生态圈的有效运转。

作为企业互助平台，商业生态系统具有三个层次，即共生、互生和重生。这三个层次互为依托、递进发展。

共生作为商业生态圈的第一个层次，它强调的是成员之间进行分工协作，为了共同的目标有机地联合在一起，形成一个整体，协同用户创造更大的价值，最后实现商业生态圈整体价值最大化。共生最关键的核心在于实现价值分享，每一个参与进生态圈的商业伙伴都会相助，然后分享自己的资源，从而使价值创造活动更加能够被系统化地组织。

在共生的过程中，所有的参与者都将自己的精力集中在某一个平台上，从而利用合作伙伴之间的优势去解决各种问题，大大地提高自身的价值，然后实现超越价值之和的效果。这样不仅可以弥补自己在经营上不擅长的地方，同时还可以提高自身的经营效率，在很大程度上避免经营漏洞。共生的核心在于平台的建立与维护，参与者不仅可以分享各种实物资本、智力资本等，同时还可以共同投入，共同享受产出的劳动成果，将原本复杂的价值创造活动变得更加简单化、高效化，从而提高生产效率，进而去发掘更多价值的创造点，促进平台参与者的共生。

互生是商业生态圈的第二个层次，它是在共生的基础上产生的。商业生态圈成员相互之间存在着一定的利益关系，彼此依赖，并且每一个成员都与生态圈整体的健康发展有着一定关系。在互生的层次上，商业生态圈中的成员创造出的价值会在整个生态圈中进行分享，从而被各个成员利用来补充自己的劣势。如果在商业生态圈中缺乏这种价值分享，那么该商业生态圈的健康水平就会失衡，从而导致生态圈中成员衰退，或者是从这个商业生态圈转到另一个商业生态圈中。在互生的层次上，最关键的核心在于系统中分享价值的成本要绝对的低，而商业生态圈必须要建立一种能够低成本共享价值的管理结构，这样才能维持商业生态圈的良好发展。

一个商业生态圈拥有很多的领域，它们对整个商业生态的健康发展有着非常重要的影响，尤其是关键业务领域必须要保持健康。任何一个环节出现薄弱的情况，都会导致整体生态圈绩效水平的下降。因此，商业生态圈中的成员眼光不能仅仅局限于企业内部，同时还要放在更远的企业外部，这样可以有效避免企业内部所产生的价值远远地超越整个商业生态圈所能创造的利益。

重生是商业生态圈的第三个层次。无论什么产业，其发展都会有边界。当产业进入成熟期以后，生态圈很难再有突破性的进展，这时就已经到了发展的边界。一旦外部环境发生变化，就会对整个生态产业造成影响，从而导致整个产业的衰退。而重生所强调的正是这种情况。它指的是通过重新关注最适合的市场和微观经济环境的产业区域，将生态圈中的一些资产转移到新的生态圈中，从而建立起更加健康完善的经济秩序，创造更加宽广的市场价值范围。简单来讲，重生的核心意义就在于创新，企业通过不断地创新才能创造出更大的价值，才能更好地维持生态圈稳定发展。

在生态圈中，重生成功的例子有很多，其中淘宝网就比较典型。淘宝网掀起了网上购物的热潮，但是经过长时间快速增长以后，也出现了诸多的问题，例如商家资质参差不齐，很多劣质商家提供了大量的假冒伪劣产品，严重影响了淘宝网的声誉，从而导致很多消费者开始向其他类别的电子商务网站转移，这对淘宝网来说，可谓是巨大的挑战。面对这样的情况,淘宝网进行重生,启动了"淘宝商城""淘品牌"的战略措施,帮助淘宝网重新留住了很多消费者。

在商业生态圈中,类似于淘宝网这样的重生案例还有很多,但是也有很多生态圈只有共生,缺乏重生。简单来说,这些生态圈重视的是共同创造价值,但是当面临利益分配的时候,就会出现偏差,通常情况下都是整合方的利益最大化,而被整合方的利益最小化。这时,生态圈的稳定性就会产生较大的威胁,因为一旦生态圈不能持续产生更大的价值,生态圈成员就会出现衰退。由此可见,重生对于商业生态圈的稳定发展有着至关重要的作用。

商业生态圈的三个层次缺一不可,它们都是组成商业生态圈的重要部分。作为商业关系构建上的一次革命,商业生态圈能够发挥出共生、互生、重生这三个层次的重要功能作用,极大地促进市场经济的发展,更好地为企业互助提供广阔的平台。

第二节　商业生态圈的萌芽

广大用户进入互联网的主要入口就是门户网站,它能够提供某一类综合的互联网信息资源,从而满足用户的各种搜索需求。每一个门户网站都有它自己的特点。我国大型的综合门户网站主要有搜狐、新浪、网易,它们无论从盈利模式还是发展上来讲,都存在很大的不同。

搜狐如今的发展主要趋于网络广告、无线业务、游戏娱乐等,另外还增加了自己的很多特色产品,例如搜狐体育播报等。这些也都为搜狐提供了较大的利润,搜狐的主要盈利方式就是品牌广告投放以及付费搜索。而新浪作为国内最大的中文门户网站,它有五大主营业务,即新浪网、新浪互动社区、新浪无线、新浪电子商务以及新浪企业服务,这五大业务可以给广大用户提供网络资讯、互动交流、游戏娱乐等综合服务,其主要的盈利方式就是广告收入和无线增值服务。搜狐最初的定位就是要与新浪一较高低,无论在产品类型上还是战略布局上与新浪都有着众多的相似之处。但是二者相比较而言,新浪的广告收入要远远地高于搜狐,而搜狐的无线业务具有很好的发展前景,尤其是付费搜索方面,在同行业竞争者中处于遥遥领先的优势地位。网易与新浪、搜狐的盈利点有着很大的不同。它的主要盈利来源就是网络游戏,另外邮箱、短信、广告等方面也为网易带来较大的收入,更加拓宽了网易的发展前景。

门户网站的发展促进了互联网的发展,互联网的发展给商业生态圈的发展提供了无限的机遇。尽管如此，在移动互联网时代门户网站也需要进行一场深刻而彻底的转型。那么地方门户网站该如何拓展新的盈利空间呢？

地方门户网站有一个非常严重的缺点，那就是盈利能力比较差、回报低。要想使盈利状况有所好转，地方门户网站就应该通过有价值的服务和影响力来提升自身的价值。那么，地方门户网站具体应该怎样做呢？

首先，网站应该提供一些有价值的服务。服务价值主要取决于用户的需求，只有明白了用户的需求，才能制作出有价值的服务内容。现在的门户网站在经营过程中存在很多问题，这对门户网站的影响非常大。例如服务价格太高、销售人员太少、网站效果不明显等，只有解决了这些问题以后，门户网站才会发展得更好，提供更多有价值的服务，使用户享受一站式服务体验。

其次，服务层次更加丰富化。通常情况下，门户网站的服务模式比较单一。但是如今的消费市场上，用户的需求越来越个性化、多元化，单一的模式必然不能满足大多数用户的需求。从目前的发展形势来看，未来的消费市场，这种多元化的需求将会占据非常大的比例空间。因此门户网站要想改善自己的盈利状况，就必须要多注重服务层次丰富化，这样才能从更多的方面获得利润。

再次，要培养精准客户。从目前的发展形势来看，门户网站的主要盈利方式就是广告模式，但是当广告模式难以提升销售量的时候，人们就开始寻找其他的出路，例如活动销售，也就是人们常用的团购方式。网站组织的团购逐渐取代了人们的自发团购，这种盈利方式也逐渐变成了网站的主要盈利模式，为了赢得更多的利益，门户网站开始将自己的精力集中在网站推广上，甚至还利用了传统的媒体广告，将自己的营销方式转变为整合营销。事实上，网站完全可以从培养精准客户入手。注重网站内容的质

布局商业生态圈

量,提升服务能力,吸引越来越多的用户,然后提升用户的访问量,将他们慢慢地培养成精准客户。

最后,提升网站的影响力。在移动互联网的时代背景下,人们越来越注重人气,一个网站能否成功,主要取决于网站人气的高低。而聚集人气最根本的方法就是提升影响力。网站间的竞争事实上就是网站人气的竞争,服务口碑的竞争。百度、谷歌等网站在搜索领域的地位举足轻重,主要是因为这些网站赢得了用户的青睐,拥有了非常好的业内口碑。因此门户网站想要赢得竞争胜利,必须要注重口碑的塑造。这就要求门户网站对外界保持相当高的敏感度,能够及时地把最新讯息都展示给客户,同时要抓住每一次推广自己的机会,精心策划,内容丰富多彩、有较大的意义,注重网站宣传,让越来越多的人认识网站、信任网站。

随着互联网的不断变化,作为网络的主要入口,门户网站也随之不断地发生着变化。从20世纪我国进入门户时代以来,经过迅速的发展,如今已经进入了一个多样与开放的"后门户时代"。这一概念早在2001年就被提出,它是随着搜索、视频、无线增值等产生的。这个"后门户时代"的到来并没有意味着门户网站将走向衰退,反而使门户网站进入到一个全新的境界中。通过门户网站,人们可以接触到新闻与广告之外的更多模块,例如社交、游戏、理财、娱乐等,门户网站所呈现出来的产品也会更加精细化,向更深的领域延伸。门户网站的多元化创新发展,主要体现在三个方面,即服务模式和内容、上网着陆点变化、网络服务细化三个方面。

在服务模式和内容方面,门户网站不断创新,给广大用户展示更新的产品。这就极大地促进了门户网站的健康发展。中国门户网站的应用创新,最典型的就是新浪微博。用户可以在微博上发布图片、视频、文章,与好友进行良好的互动,使微博迅速成为了全民广泛参与的信息交互应用平台。除了微博之外，门户网站还新增了很多服务内容，包括各种游戏、输入法等，都成为后门户时代的发展标志。

在上网着陆点变化方面，信息流通已经趋向于分散化，网民上网也已经呈现出多样化的形式。在过去网民上网的第一选择大多是即时通信、社会服务化社区等，但是当后门户时代到来以后，人们的上网需求发生了极大的转变，已经不再像之前一样以获取资讯为目的，而是更倾向于电子商务、交友互动等方面的应用。

在网络服务细化方面，互联网时代是一个开放共享、互利共赢的时代，时代的潮流已经促使互联网朝着更加精细化和多元化的方向发展，这也是顺应网络用户的个性化需求而产生的。当前国内的互联网行业已经具备了一条完整的产业价值链，可以满足用户的一切需求，因而势必会得到广大消费用户的更加青睐。

在未来的发展空间内，移动互联网的发展将会呈现出势不可当的局面，在社区 3.0 时代，门户网站将会逆袭成为重要的小巨头，这时它又具有怎样的优势地位呢？

一方面，门户网站具有非常丰富的运营经验，整个体系不仅可以进攻还能防守。门户网站经过多年的运营实践，已经积累起非常丰富的经验，运营团队的工作能力也越来越强，已然成为互联网发展中的小巨头，从某种程度上来说，可以与阿里巴巴、百度等互联网巨头进行竞争。地方性门户网站能够充分发挥地方性资源优势，为用户更好地提供地方性服务，逐渐形成地方性用户的交流平台，并且以此来扩大自身的影响力和知名度。在社区 3.0 时代，地方门户会借助互联网发展的优势，通过自身的优秀运营团队，积极开展业务，逐渐增大所占市场的份额，与社区交友、地方电商等进行良好的合作。

另一方面，门户网站拥有好的用户基础，可以享受优惠政策。在门户时代，地方性网站最大的优势就在于地方人群这个庞大的用户基础，地方门户网站拥有大量的潜在用户，使地方门户网站的影响力和号召力都极大地增加。除此之外，地方门户网站还会受到各种优惠政策的支持，这在与商家谈判过程中具有非常大的优势作用。这些客观条件的存在，促使门户网站赢得更高的利润空间。

到目前为止，地方门户网站已经取得了突破性的发展，在全国范围内，几乎每个城市都会有三四个地方门户网站，它们齐头并进，促进各类小商家和电商的发展，甚至还会打破传统的互联网格局，与互联网巨头展开争夺战，为商业生态圈的发展做出最好的铺垫。

第三节　商业生态平台时代的开始

如今很多应用的发展都依赖于平台，它们借助平台的力量去不断地自我发展，而本身的灵活多样又对平台的进一步扩展有所帮助，二者互为促进。综观那些行业巅峰的企业巨头，它们总希望自己处于行业价值链的核心地位，能够对整个行业进行控制。这种竞争模式极为霸道，很多大型企业都曾经使用过，它们将相关的企业聚拢在一起，形成一条庞大的产业链，与对手形成非常强势的抗衡状态。尽管这种竞争模式具有很强的动力，但是却存在着很大的弊端，那就是闭合性。随着互联网平台的不断开放，这种闭合的竞争模式逐渐被颠覆，从而失去了强势的竞争力。

互联网的开放性为很多开发者提供了营养丰富的土壤，他们可以将自己的才能充分地发挥出来，各种应用也使平台更加肥沃。在这种发展态势下，一家企业想要在行业进行垄断已经是不可能了，取而代之的是多加企业共同繁荣成长，这就标志着商业生态的平台时代要开始了。虽然这条发展道路或许会充满坎坷，但是在未来将是一种新的潮流。

未来的商业发展将逐渐趋于平台开放化。如果一个企业能够开放自己的平台，则表明该企业已经在行业内占据了一定的优势地位，并且拥有了庞大的用户群体。在过去，能够实现平台功能的大多数都是一些互联网公司，然而现在越来越多的其他开放平台也逐渐产生。导致这一发展形势的主要原因就是移动互联网时代的到来、手机等终端种类更加丰富，使得通信之外的其他功能对生活产生重要的影响。

随着网络的发展，平台的开放性凸显出越来越大的价值，这种价值在企业的市场价值上能够直接地反映出来。例如 eBay 在 2004 年是世界上第一大市值互联网企业，但是到了 2011 年，这一地位就被苹果公司迅速取代了。

到目前为止，开放平台已经在全世界掀起了热潮。从 2010 年到现在，互联网巨头纷纷宣布要进入开放的时代，例如百度、淘宝等。就连亚马逊、360 等都正式推出了进军开放平台的计划，或许在未来的时间里，所有涉及互联网的竞争者将会进行非常激烈的竞争。如今开放已经成为一种大的发展趋势。一个企业要想发展，就必须要顺应这样的趋势，想尽一切办法去满足客户的需求，那些故步自封的企业势必会被时代所淘汰。因此企业发展的根本在于树立开放观念，打破陈旧的固有心态，以合作共赢的方式和心态去为客户提供更好的服务。

企业要想长久发展就必须要整合资源，连接上下游的产业链，构建商业生态圈。于是企业之间的竞争也就变成了生态圈之间的较量。一个商业生态圈通常会以一个强大的开放性平台为核心，这样一来，生态圈的竞争也就需要用平台式思维来应对。

从实际发展来看，一个生态圈要想不断地扩张，提升自己与其他生态圈的抗衡能力，就要不断促使平台提高自己的吸引力。但是生态圈中的核心企业一定有一部分核心技术是不开放的。企业之所以会封闭其核心技术，最主要的原因就是要保证自己的利润，但是在业界呼声的压力下，产品交互接入趋势也越发强烈，很多企业都走向了开放的道路。然而这种平台开放对企业的发展有利有弊，好的一面是开放有利于技术的相互促进和借鉴，能够更好地激发新技术的产生，不利的一面就是对利润方面的影响。因此很多企业为了保存自己的利润空间，不仅封闭自己的核心技术，同时还会采取其他措施，防止竞争对手获取自己的资源。

在开放平台的发展大趋势下，很多传统企业也蠢蠢欲动，在开放性平台方面开始进行探索。它们开发应用，主要目的就是为用户提供较大的使用价值，从而吸引用户，使用户与企业之间的距离缩短。在它们的原则中，并不是要单纯地盈利。它们所开发的应用传递了企业的理念，提高了品牌的影响力。

互联网的出现与应用给人们的生活带来了巨大的影响，极大地提高了人们的生活质量，具有革命性的意义。在这个开放平台的时代，传统企业建立开放性平台思维使企业迎来新的发展机遇，也促进整个商业生态圈的模式产生重大的变革，即平台商业模式的到来。

企业存在于商业生态圈中，就会受到整个商业生态圈的影响，企业与企业之间看似松散地连接着，实际上互相之间的影响却是非常大的，每一家企业都会影响整个生态圈的发展，而每一家企业又必须依赖于生态圈的发展。因此，一个企业的业绩与发展不仅受自身能力方面的影响，同时也会受到与生态系统中其他成员协同发展关系的影响。商业生态系统作为企业与企业缔结形成的体系，它有着与自然生态系统极为相似的特征。

首先，商业生态系统表现出来的特征是稳定性。一个系统的形成需要经历较长的时间，无论是自然生态系统还是商业生态系统，它们都会经历一个缓慢的形成过程，因此当面临外界力量的冲击时，系统会做出有效的反应和回击，从而保持健康的生命活力。如果生态圈中的某些企业失败，对生态圈产生了一定的影响和威胁，系统也会自行修补与完善。

其次，商业生态系统表现出来的就是持久性。这种特征主要建立在稳定的基础上。一个生态系统完整、稳定，具有一定的发展和延伸能力，其中的成员不仅自己可以健康发展，同时还会对其他成员进行带动，在它们的相互作用下，不断催生新的思想和事物，不断更新系统，使系统得以长久持续地发展。

最后，商业生态系统能够完全体现系统成员的生产效率。一个商业系统的形成，往往需要很多企业共同努力。核心企业连接上下游企业，它们构建起商业生态圈，但是在其中扮演着不同的角色，对整个生态圈的影响力也是不同的。那些生态圈中的核心企业自然对生态圈的影响力较大，它们是整个系统的生态基石，其生产效率在很大程度上决定着整个生态系统的健康与和谐发展。

生态基石型企业对于整个生态系统的影响可谓是巨大的。它们不仅可以确保自己健康有序地发展，同时还能够为系统内的其他成员提供一个良好的发展环境，为它们建立起稳定、持续、赖以生存的平台，这样所有企业共同努力促进系统的良性运转。因为生态基石型企业具有如此重要的核心地位，因此当该企业经营不善，或者受到外力强烈的冲击时，就会对整个生态系统产生影响，甚至可能导致整个系统的崩溃。

随着互联网的发展，生态基石型企业的重要地位再次得以凸显，无论处于哪一个时代，它们都会通过价值共享的方式为其他企业的发展提供帮助与支持。它们的这种平台支持行为，表面上看起来非常无私，对其他企业具有极大的好处，事实上，对于自身的发展而言同样具有非常重要的作用，它的实质是一种有效的战略方针，即生态基石型战略。

生态基石型战略最基本的特征就是从外部资源进行管理，构建起和谐的外部网络结构，然后从网络中获得利益。因此要想实现这样的战略，企业就必须要充分利用资源，发挥自己的能力，最终发挥自己的价值。尽管如此，生态基石型企业战略的实现还必须要受到行业的主宰与支配，积极地对生态系统进行管理，实现生态系统中的创新，将自己的核心价值发挥出来，增进自己向前发展的动力。在这个过程中，企业最关键的是要提高系统的生命力，并且将这种生命力注入到系统中其他成员的身上。所以，生态基石型企业在生态系统中具有双重的角色，一方面它要保持在系统中的核心地位，另一方面还要为其他的系统成员服务，使整个商业生态系统更加健康和谐地发展。

平台时代的到来对于企业发展起到了空前的促进作用，它颠覆了企业传统的发展模式，以一种新的姿态展现出来，具有极强的生命活力。

第四节　商业平台竞争战略

商业生态圈的平台时代已经到来，企业要想在生态圈中争取到核心地位并且长久地发展下去，就必须要在激烈的市场竞争中取胜，而取胜的法宝就是要制定合理的平台竞争战略。那么，运营商该如何进行呢？

在众多的运营商中，苹果公司是一个迅速成功的典范。它以其Apple Store开启了经济的新模式，并且凭借iPad、iPhone等产品聚集了一大批用户。苹果公司的成功为其他运营商提供了一个很好的发展示例，于是越来越多的企业想要通过苹果公司开创的平台战略去打造自己的企业平台，然后吸引更多的用户，在市场中占据更重要的地位。

人们按照发展程度将企业分为四个类别，注重产品的企业为三流企业，注重品牌建设的企业为二流企业，注重标准的企业为一流企业，而注重平台建设的企业为顶尖企业。无论是怎样的企业，它们都希望做到顶尖，而要想实现这样的目标，就要发展运用平台竞争战略。

每一个企业的发展状况不同，运用平台战略的初衷也是不同的。通常情况下，企业积极制定平台战略有三种情形：一是企业真正地看到了平台战略带来的优势；二是企业对平台战略并没有清晰的认识，只是盲目地跟风，但是在具体的操作上却什么也不懂；三是市场需要，如果企业不发展平台战略，就可能会被淘汰掉，面对这种情况，企业不得不采用平台战略。从目前的发展形势来看，大多数企业都属于第三种类型，激烈的市场竞争让企业感到极大的危机和压力，如果不能紧跟发展步伐，就会被淘汰掉。

互联网以及移动互联网的不断发展，使得越来越多的企业出现跨行经营的模式，这就给市场经济造成了很多重叠的现象，各产业间的界限也并不是特别清晰了，于是企业的竞争力度不断增强，商业生态圈到处都面临着威胁，竞争趋势愈演愈烈。在这种大的发展趋势下，企业要想在市场竞争中屹立不倒，那就要建立起以自我为中心的平台，制定完善的平台竞争战略，让企业更好地融合到平台经济中去。平台经济已经是未来市场经济发展的一个方向，它不仅能够提高企业的市场竞争力，同时还能不断驱动新的经济增长，而平台战略则可以不断支撑企业的生存与发展。

既然未来的经济趋势是平台经济，而企业的生存与发展又要依靠平台战略去支撑，那么平台战略该怎样理解呢？平台的哪些性质可以让其有如此重要的发展空间呢？事实上，平台战略就是将行业内两个或者两个以上的群体连接起来，打破原有的产业链，重新建造一个新的商业生态圈，而该生态圈必须具备规范的体系和完善的管理，能够驱动多方产业形成一种互动趋势，最终实现多企业的合作共赢，和谐发展。平台对企业的发展之所以具有极大的影响力，主要是由平台本身的特征所决定的。通常情况下，一个优秀的平台会具备五个方面的特征，即开放性、聚合性、交易性、撮合性和成长性。

开放性是平台最显著的特征。平台是由多方群体共同参与所构建的，其主体成员通过信息传递、资源共享实现多方互利共赢。平台的开放性涉及很多个层面，例如：资源层面，平台内成员互相分享企业资源，提高了资源的利用率，甚至还可以形成一个资源使用的循环体系，从而使企业的经营成本极大地降低；思维层面，成员之间进行思维交流，可以激发更多创新的意识，创造出更多的价值。

聚合性是平台的第二个显著特征。一个平台的建立需要多方面的参与，平台的运营方建立起平台，然后将众多的平台内容提供商吸纳进来，联合客户，最终形成一个平台，并且不断地扩大规模，多方面的群体充分地聚合在一起，正是平台聚合性最好的展现。

平台的交易性也是平台比较明显的特征。运营商构建平台最主要的目的就是进行交易，互相创造企业价值。通过平台交易，交易的双方都能够实现价值转化。开发者通过交易获得利润空间，客户通过交易获得了产品或者相应的服务，而平台方还可以通过交易获得分成，大家在平台上完成支付与交付的重要环节，各取所需，共同维护生态圈的平衡发展。

撮合性主要包括两方面的内涵：一方面是开发者可以通过平台去了解客户的需求，然后创造出相应的产品去迎合这一需求，从而获得利润；另一方面通过平台的推广活动，更多的客户知道开发者的产品，从而进行购买，满足自己的生活需求。正因为撮合性的特征，平台才会满足各个群体的需求，促使平台健康有序地发展。

成长性是决定一个平台是否优秀、是否能够长久发展的根本因素。一个平台如果具备优秀的开发者和优质的产品，那么就会吸引到更多的客户，而这种发展规模又会吸引更多的开发者参与进来，开发者越来越多，产品的形式和品质也更优质多样化，这样的状态就进入了一个良性循环，从而使平台具有了更好的成长性，平台在商业生态圈中可以不断地完善，从激烈的市场竞争中获得主动权。一个优秀的平台通常会面临很多危机，只有具有成长性的企业平台才会不断地完善自身来解决各种问题，生命力才会更强，最终实现多方主体的互利共赢。

掌握了商业平台竞争战略以后，企业就能够充分地认识到打造优秀平台对于自己的生存与发展有着至关重要的作用。而当平台的运营商在运营过程中遇到问题的时候，就可以结合平台的特征进行思考。保持平台的开放性，让平台成员实现资源共享，吸纳更多的优秀开发者；利用其聚合性，使客户越来越多元化，最后产生规模效应等。只有平台运营商切实地掌握好平台竞争战略，才能在这个竞争激烈的平台经济时代存活下来。

第五节　移动互联时代的到来

商业生态系统与自然生态有很多共通之处。在自然系统中，当一个外来的物种侵入一个良性的生态中，该生态系统原来稳定的食物链和均衡的物种比例就会遭到破坏，从而出现紊乱的状态，甚至因为食物链的断裂而给环境造成极大的压力。一个产业也是如此。当它正在发展还没有成熟的时候，如果一种大规模的异质力量入侵到商业生态圈中，整个产业就会发生重大的变化，其中的一些商业力量逐渐消亡，产业的价值链也会发生颠覆与重构，整个生态平衡遭到破坏。移动互联网作为一种新力量入侵到商业生态系统中，传统商业生态系统必定会发生天翻地覆的变化。那么该怎样理解移动互联网呢？

互联网可分为PC互联网和移动互联网，二者最明显的区别就在于终端的不同，前者是在PC端，而后者则在移动端。尽管二者都是沟通工具，但是在沟通对象、方式等方面都有很大的不同，因此二者的商业生态体系也存在很大的不同。这种不同主要从四个方面体现出来。

首先，在产品性质方面。PC互联网的每一款产品主要特征的定义都是由核心操作系统和CPU芯片完成的。每一次操作系统和CPU芯片升级就已经将PC所能达到的状态自动界定，所以对PC硬件并没有太多新的要求，厂家也不会去更换硬件，它所拥有的客户也就是一些简单的使用者。PC互联网应用产业游戏规则都是平台主导者直接掌控各种应用产品。

移动互联网时代到来以后，各种各样的手机应用不断问世，在这种状况下，为了进入应用产品市场，终端厂商就会要求重新制定游戏规则，自己参与应用的设计与开发，并且开设自己的应用商店。除此之外，各种软件开发商也不断地融入市场当中，针对不同的用户去开发不同的程序，希望获得更大的市场份额。而用户手中拥有智能终端，也有了更多的选择权，他们可以自己决定手机上安装什么样的软件，也可以更换自己的操作系统等。由此可见，在移动互联网时代，无论生态圈中哪一种身份都加深了对应用产品的介入，价值链中所涉及的各种力量都有了自己的话语权，因此其推出的所有产品都需要各方共同完成才行。也就是说，移动互联网时代的价值链是由各环节的各种要素共同参与定义的。

其次，在产品价值要素方面，在PC互联网时代，用户主要追求的产品价值就是更大的存储空间、更快的CPU、操作性更强的系统。但是到了移动互联网时代，智能终端的电源性能以及功耗问题已经成为人们越来越关注的重点，存储空间的运行速度反而不再是用户太过在乎的东西。除了智能终端的功耗问题以外，用户同样关注的还有手机应用下载和使用的便利程度、趣味性等，每一项产品价值都影响用户的购买决策。在移动互联网时代，消费者的敏感要素已经发生变化，产品价值要素也发生了非常大的变化。无论是哪个企业，只要能够捕捉到产品价值要素的变化，该企业就能在移动互联网的新时代获得极大的成功。

再次在全价值链方面。在PC互联网时代，每一次CPU芯片升级或者是操作系统推出新品都需要用户支付更多的费用。在这种情况下，企业获利越来越多，只要不断升级自己的产品就可以获得更高的利润，但是对于用户来说，对这种使用状况只会越来越不满意。到了移动互联网时代，这种情况得到了极大的改善，全价值链逐渐趋于低成本化。运营商希望借助智能机的不断推广来壮大自己的用户规模，使自己在市场竞争中争得更多的主动权和话语权，这时它们就会推出更多低成本的智能机，甚至有时还会出现贴钱赢得市场的现象。随着行业的不断发展，各种免费应用程序层出不穷，这就给下游商业力量造成极大的挤压。当面临这种情况的时候，上游商业力量还会被下游商业力量逼迫降低价格。这样一来，移动互联网时代就对成本进行了有效的控制。

最后，在产业配合方面。各种各样的终端和应用，以及多元化的商业模式共同构成了庞大而复杂的生态体系。作为一个体系，单纯地依靠一家企业是不现实的，如果要想整个商业生态系统正常运行，那么整个产业必须要各个环节配合，进行有序的分工合作才行。因此价值链所涉及的企业必须开放合作，进行价值共享，才能推动整个产业的繁荣发展，保持更加长久的竞争力。

移动互联网时代的到来给很多传统企业带来了极大的冲击，尤其是在电商方面，可谓发生了颠覆性变化。互联网的出现促进了电商行业的产生，当京东、阿里巴巴等在PC端布局已经日趋完善的时候，竞争已经进入到一个相当激烈的阶段，人们都迫切地想要达到一个新的经济增长点。等到移动互联网到来，各种智能手机等移动设备变得普及，移动互联技术不断地发展，移动电商应运而生。

从目前的发展情形来看，尽管移动电商的规模仍不及传统电商大，各种技术也没有完全成熟，但是在移动端，商业巨头们不断地推进，再加上本身的优势所在，移动电商势必会成为新的利润区。

传统电商在最初发展的时候，总是将注意力集中在实物的消费之上。事实上电商的市场并不仅仅局限在此，在实物消费背后，更广阔的空间是生活服务市场。从目前的电商消费方式来看，消费者通常在网上购物以后，商家通过物流运输到消费者的手中，尽管这种消费已经比较便利，但是其消费方式却比较单一。移动电商很好地补充了这一点，它能够通过位置服务、移动支付等手段，对人们的消费进行引导，挖掘更大的生活服务空间。

移动电商的出现促进了消费者形态的变化。在过去，人们购物需要去商场，之后还必须要用现金购买，最后再把买到的东西亲自带回家，浪费时间和体力。传统电商有效地改变了这种购物状态，消费者从网络上下单，然后物流送货上门，使购物越来越便利。但是，传统电商仍然存在很大的局限性，网络购物的前提是有电脑、有网络，同时还要会操作购物的流程，很多消费水平低或者不会操作电脑的人就难以实现网购。当移动电商出现以后，只要一部手机就可以解决全部的问题，并且完全不受时间、地点的约束，使消费者购物更加便利。

如今随着移动互联技术的不断发展，移动互联网应用体系更加完善，展现出非常大的发展优势。例如：生态体系日趋成熟；智能家居、车载终端等多样化发展；综合型移动应用，平台性更强；更多开发者参与进来，企业化越来越强；应用商城正在加速集中化等。

总之，移动互联网的出现给各行各业都带来了翻天覆地的变化，其中影响最明显的就是手机行业。那些原本在市场上畅销的手机逐渐被淘汰，而智能手机则抓住时机迅速发展起来，行业内的竞争愈演愈烈。除此之外，移动互联网时代的到来还颠覆了人们之前的消费习惯和生活方式，它几乎渗透到了人们生活中的每一个方面，例如娱乐、社交、学习、工作、消费等。它将人们想象中的场景变成了现实中真实存在的东西，例如人们可以利用手机查找到附近的饭店和娱乐场所，甚至还可以根据位置服务功能查找到附近的好友，购物时用手机支付等。移动互联网时代的到来，使人们的生活进入到一个新的境界。

第六节　大连接时代的微信生态

大连接时代的到来催生了很多新的技术应用，微信就是一种新的移动应用软件，并且正以飞快的速度改变着人们的生活方式。到目前为止，微信生态系统的公众账号已经超过了 1000 万个，并且每天还在以 1.5 万个的速度不断地增加，其丰富的应用吸引着越来越多的用户。不仅如此，企业也越来越关注微信的发展动态。

从 2013 年开始，微信最重要的事情就是全力地做连接，致力于打破企业之间的信息交流屏障，将企业现在拥有的 IT 应用和第三方的云应用高效地整合起来，然后实现企业在组织管理和营销策略等方面的变革创新。微信企业号推出以后，在很短的时间内就取得了非常好的反响。仅仅在 3 个月的时间内，开通的企业号就已经超过了 10 万个，每天交流的信息量都是巨大的。如今微信推出的开放平台接口已经有 110 多个，其中有 40 多个是企业的专用接口。由此可见，微信生态的发展为企业创新提供了摇篮，促进了企业的繁荣发展。

微信用户越来越多，人们对微信的使用需求也越来越高。2014 年，微信又启动了"智慧生活"计划，通过微信公开课，向广大的用户展示如何运用微信去生活，例如微信缴费、微信旅游、微信租车等，这些应用极大地改变了人们的生活，使各种生活方式都更加便利化。

无论是企业管理还是人们的生活，微信正在改变着社会和居民生活的方方面面。而越来越多的微信用户也促使微信生态体系更加多元化地发展，逐渐成为人们必不可少的信息应用工具。在这样的使用环境下，微信又构建了电商生态，开放微信小店，让人们利用微信的便利实现创业和经营的梦想。

"微信小店"在2014年5月正式上线。所有之前已经开通微信支付认证服务号的用户都可以在公众平台上自助申请"微信小店"，然后就可以添加商品进行经营，因为商家开通小店不需要任何费用，因此深受人们的喜爱。

早在"微信小店"正式上线之前，例如滴滴出行、同程网等众多生活服务类应用就已经接入微信，腾讯完成了在移动端的B2C+C2C+O2O的全电商模式布局，这种操作如果在PC端是无法实现的。微信面世以来，用户数猛增，高达6亿，被称为是移动端的超级APP。尽管如此，微信商业化进程却一直相对保守，前进的步伐缓慢，2014年，腾讯在电商方面的整体战略做出了重大调整。腾讯与京东在多方面展开深度合作，将战略中心由PC端转移到了移动端，未来的腾讯将重点依托微信发展移动电商业务。

"微信小店"正式上线以后，在行业内掀起了巨大的波澜，当天第三方服务商就在微信群中表示，平台的前进将会导致服务商的倒退。"微信小店"使得许多小商户有了除微信口袋通之外的新咨询窗口，这样一来，众多提供基本服务的第三方服务商就可能会受到极大的冲击。

在"微信小店"上线以前，在微信上开店还需要向服务商购买软件，增加了用户的开店压力。但是"微信小店"上线以后，微信平台就会提出统一的交易系统。从微信团队公布的规则来看，"微信小店"通过公众账号出售商品，主要的交易手段就是微信支付，从而实现开店、货架以及客户关系管理维护等功能，真正地实现了商家零费用开店，这种服务对第三方服务商的市场空间挤压格外严重。

微信交易系统的冲击波对小型服务商造成了影响，但是大型的服务商注意力却集中在市场发展带来的机遇上。微信制定了统一的标准，能够使早期市场培育加快完成，这样就减轻了市场培育过程中的成本压力。

微信之所以要推出交易系统，最主要的原因就在于微信电商交易大规模地增长。微信交易规模大就会导致大量数据的产生，而微信本身的交易系统可以有效避免这部分数据沉淀到第三方服务商的服务器上，从而造成数据的流失。

微信生态系统主要的布局模式是以微信支付为基础的，无论是"打的之战"还是"微信红包"都是支付用户之间的争夺战。无论哪一家电商，只要在微信支付环节做好，就能获得快速的发展机遇。如果商家想要开通"微信小店"，首先就需要开通微信支付认证服务号。在淘宝关闭了微信接口以后，用户要想在微信平台上购物，唯一的支付工具就是微信支付。

微信支付是微信产品中比较重要的一种，一直受到重点推广。2014年微信又推出了与营销相关的产品。关于微信营销，市场上一直存在很大的声音，因为微信营销的限制政策非常严格，例如对公众号信息群发条数的限制、设置回复用户的时间限制等。这些严格的要求使很多商家都感到十分约束，尤其是一些运营淘宝店多年的小商家更是感到处处受限。

微信产品与淘宝产品有着很大的不同。淘宝的营销模式比较开放，而微信产品则相对比较封闭。"微信小店"上线以后，商家就会开展行销推广，其主要的方式有两种：一种是通过购物入口进行搜索，另一种就是广点通。另外，营销QQ也帮助企业对客户终端进行高效管理，进一步完善企业营销生态链。

自从"微信小店"上线以后，全部的电商形态基本上被微信电商所覆盖，但是各种形态却并没有有效地整合起来。它们都是各自独立的体系，拥有着不同的标准，在微信平台上也很难实现流量的互通。从这些方面我们也能够看出，微信产品的封闭性对其本身的发展有着较大的影响。

  微信除了是有效的社交工具之外，还增添了支付的功能，这就与支付宝形成了较强的竞争形势，甚至上升到两个生态圈的竞争。这就促使微信在大连接时代要更加努力做好，不断创造出更多的价值，为终端客户提供更好的服务。

第七节　微商生态的繁荣发展

微商生态是伴随着微信而产生的，简单来说，微商就是通过微信软件来达到营销的目的。从2014年开始，微商就开始以一种异常迅速的状态出现在中国市场上。在给营销带来新机遇的同时微商也引来了很多争议，最让人感到不满意的就是朋友圈刷屏。尽管如此，微商依旧丝毫没有受到影响。不得不说，微商确实是一种新的游戏规则，它打破了传统的营销渠道，以一种新奇的方式出现在大众面前。微商由一个个弱小的微商个体凝聚成一股强大的力量，正在逐步打破传统的电商格局，它的发展已经呈现出了空前的规模。

尽管微商到目前为止已经取得了不错的成绩，但是它却并没有真正地壮大起来，导致这种结果的原因主要有三种，掌握了这三种制约因素以后，微商发展或许会创造出更大的奇迹。

首先，在1.0时代，人们注重的是"电商＋社交"，但是到了2.0时代，人们关注的重点发生了变化，变成了"社交＋电商"，从二者的对比中可以看出，在这两个时代中，社交和电商所占的地位和发挥的作用有着很大的不同。

其次，微信电商发展并不是特别成熟，在朋友圈中总会出现一些恶意营销者，对此微商生态圈并不敢给予严厉的惩罚，从而使朋友圈中的恶意营销者更加泛滥扩张。

最后，朋友圈里很多都是自己的好友，微商在发布信息的时候，还要顾及好友的体验，同时微商还要受到官方的种种限制，从而不能完全施展开自己的营销本领，限制了微商的发展。

到目前为止，微信电商只有四种发展模式，即：B2C 电商，例如京东购物；企业电商，主要为服务号；C2C 电商，例如微信小店；微商，例如在朋友圈中买卖物品。这四种模式出现的时间不同，便利的方式也不同，因而它们在人们的生活中也占据着不同的地位。京东购物占据人们网购生活的很大比例，服务号和微信小店只是在积累更多的客户资源。微商发展迅速，拥有非常大的发展潜质，但是对用户体验方面影响较大，常常会引起用户的反感和官方的约束，这些都在酝酿着新的微信变革。

在未来的市场中，微商将会在三个方面发生一些新的变化，从而形成一种新的生态体系，更好地发展。

首先，微商要向社交的方向靠拢。随着购物平台的开放性不断增强，经常会出现一些劣质产品影响平台的声誉，从而使消费者对购物平台的信任度和依赖性逐渐降低，于是每个人都将自己设立成一个微信平台，这个平台主要建立在信任的基础上，通过好友分享、互动以及进行产品交流等方式，增加消费者对产品的认可度，从而购买产品，推动商品交易。

其次，微商营销要更多地面向本地。服务对象是本地的消费群体对于微商来说，有诸多的好处，它可以更加快速、便捷地为消费者提供服务，同时线上线下结合，能够有效解决信息不对称的难题，使终端用户更加便利地获取信息。

最后，微商通路更加多维化。微信发展已经取得了非常可喜的成绩。到 2015 年 8 月，微信平台上已经拥有了 1000 多万个公众账号，并且每天还在以非常快的速度增加着。在移动社交流量方面，微信已经牢牢地占据了第一位。相对来说，微商的发展就不尽如人意，单一的流量入口已经难以满足商家的需求。多维化的通路可以使更多的社交流量都集聚在一个平台上，从而为商家提供更多的流量入口。

恶意营销已经严重扰乱了朋友圈的秩序，给微信发展造成了很大的困扰。因此，微商发展的新趋势就是维持朋友圈秩序，不断地提升用户的使用体验，使平台更加优化。为此微信将出台各项新的政策来限制和清理朋友圈中恶意营销的现象，从而推动微信新生态的形成和发展。

微信作为重要的社交工具，拥有着非常庞大的用户数量，同时也是一个非常重要的流量入口。因为这种优势地位，无论官方还是用户都在借助其力量探索新的商业模式，最终人们发现，支撑微商发展的重要力量就是微信平台上的服务号和朋友圈。服务号可以帮助微商不断地沉淀用户，增加用户的依赖性，同时产品通过朋友圈可扩大影响力，使知名度越来越高，为微商成长提供非常有利的土壤。

尽管朋友圈给微商的发展提供了重要的支撑，但是朋友圈中的恶意营销已经严重影响到了朋友圈的正常秩序，因此微信平台应该加强管制，对微信用户进行保护。如今越来越多的人在利益的驱动下加入到了微商的行列，再加上微商零门槛，就使得微商队伍更加混乱，经常会出现朋友圈刷屏的现象，让微信用户极为反感。另外，在微商中还出现了众多的假冒伪劣现象，严重影响了人们对微商的认识和信任。因为，必须要对朋友圈进行重新的整理，以便重新赢得消费者的信任。

在微信的这些发展形势影响下，微商发展将获得更新的方向。首先，微商发展将出现众多商家鼎立的局面。类似于"微信小店"等平台将依靠微信公众号等形式发展，这时微信就不再是微商发展的重要平台，而是变成了一种产品营销的工具，微商之间的竞争不再是产品与价格之间的竞争，而是更多地倾向于平台之间的战争。其次，第三方服务商将出现诸多的变革。随着微信的不断发展，微信第三方开发商也开始向微商领域发展,并且做出非常积极的布局。为此,各类服务商之间开始进行激烈的争斗,他们纷纷出招,推出自己的分销系统。最后,微商朝着网状结构和多重销售模型发展。在互联网上,人们的社交关系呈现出网状结构,人与人之间的联系错综复杂,可以通过很多条线路联系起来,而这种天然的优势推动了微商的运营模式,这也是微商的魅力所在。在这种网络优势下,构建起网状的微商体系,可以在开放的平台上销售更多不同的产品。对于这些新的发展方向,微商应该进行更好的把握,而微信和用户也应该在微商生态系统构建和维护方面多加努力。

从2014年开始,微商开始在朋友圈中活跃起来,其发展的迅速程度超出了人们的想象,微商已经不再是一部分人自己的事情,而是发展成为一种社会现象。因此微商不仅在朋友圈中异常火爆,同时也得到了社会各界的高度关注。微商之所以飞速发展,其主要原因有两个:一是因为微商在朋友圈中的发展遇到了难以突破的瓶颈,但是这对微商发展本身的热度没有影响,因此人们仍然不断地加入微商的队伍中;二是因为很多人都有创业梦想,但是在其他平台上开店的成本越来越高,于是很多人就将微信作为发展的新机遇,希望借助微信平台实现自己的创业梦想。

尽管人们都接触微商,但是很多人对微商并不是非常了解,认为微商只是朋友圈卖货。事实上,微商是一种信任经济。微商发展不仅给人们的生活带来极大的变化,同时也为很多拥有创业梦想的人提供了极大的机会。

之所以微商能够称得上是信任经济,主要存在三方面的原因。首先,微商发展的基础是通过社交关系建立起来的一种信任关系。人们在做微商之前,首先要进行社交,结为好友,然后赢得信任才能让其关注自己的产品,从而进行良好的互动。在这样的基础上,微商与用户之间的关系就会更近一步,从而做出果断的购买决策。

其次，将自己的快乐和价值与朋友分享。当你看到有价值的东西或者感到快乐的时候，分享给别人，别人也会感到快乐。当你的分享能够为别人带来利益的时候，你的分享就会更有价值。在信任的基础上，你分享一些朋友感兴趣的东西，那么你就会得到直接的利益，方便了朋友也快乐了自己。

最后，个人的影响力决定了产品被认可的程度。如果一个微商在一个领域非常擅长，或者是本人的人格魅力非常强，那么在他自身的影响下，产品也会具备非常高的关注度，促进利益的生成。

由此可见，只有在熟悉或信任的基础上，微商才会发展得更好，所以微商是一种信任经济。但是这种信任并不是轻而易举就能实现的。一个人的社交范围是有限的，这并不足以维持微商发展的空间，人们要想发展好微商经济，必须不断地加强与扩大信任关系才行。那么，怎样与陌生的人建立信任关系就是一个非常关键的问题。

注重沟通是建立信任关系的关键，尤其是陌生人之间，彼此并不了解，如果没有必要的沟通，那么信任关系就很难建立起来。如果一个微商看见陌生人的第一面就是推销自己的产品，势必会让人反感，从而失去交易的机会。

成为微信好友以后，双方之间的互动是非常重要的，这是与陌生人建立信任的原动力。人与人之间重在交流，如果你经常到他人的朋友圈点赞或者是评论，送礼物，时间久了，他自然也会有所反应，或许就会开始购买你的产品。当然，这种互动必须要建立在沟通的基础上，如果之前没有交流，盲目互动，效果反而会不好。

分享是一件非常重要的事情，无论是在朋友还是陌生人之间。当刚刚与陌生人结识以后，你不能忙着推销自己的产品，而是要不断地分享给他，让他认识到产品的价值，从而引起兴趣，这样建立起信任关系以后，当他看到自己需要的产品时，才会毫不犹豫地做出购买决策。

给对方一些恩惠。在相处的过程中，如果发现对方有什么需求，自己能够满足就尽量地帮助，这样就会给人留下好印象，同时，拿人手短，只要对方需要就一定会念及你的恩惠，与你进行交易。

无论怎样，如今的微商生态发展可谓是非常迅速，它正在以一种全新的方式改变着人们的生活，它的繁荣发展给人们的生活带来了极大的便利，深受人们的信赖。

第三章

商业生态圈的核心理念

商业生态圈的成功，离不开自己的核心理念，正是在这些核心理念的支撑下，商业生态圈才有可能按照自己的节奏不断获得发展。互爱、互助、互惠互利、共享、共生、共赢，每一条理念都揭示了商业生态圈存在的价值，这些理念支撑商业生态圈不断获得发展，成为商业发展的主流。

第一节　互爱之心是商业生态圈形成的基础

互爱是商业生态圈的核心理念，具有非常重要的地位。它指的是相互宽容、相互给予、相互理解，这一切都建立在信任的基础上。互爱理念是一种商业普世情怀，只有拥有这种情怀，商业才会更有发展力，给整个社会带来巨大的改变。

从本质上来看，商业发展的过程就是不断满足广大消费群体的过程。一个商业是否成功，主要在于它是否能够满足广泛的消费群体，能够很好地完成普世的过程。综观那些发展成功的行业，它们大多数都是大众化的主流产业。就拿沃尔玛来说，它之所以能够成为行业巨头，就是因为自己的发展策略是薄利多销，为此它吸引了大量的顾客群，奠定了坚实的客户群体。它正是因为满足了广泛的消费群体，具有强大的普世力量，才成为了成功的企业。在国内也有很多企业具有普世情怀，其中最典型的就是家电行业，一些商业巨头给广大的消费者带来巨大的福祉，极大地改变了人们的生活。

商业生态圈对社会的改变作用是极大的。它普世的张力对社会的影响意义深远。商业普世的过程事实上就是商业活动的一种竞争。当商业普世的时候，人们就会进入到一个理性的商业社会，从此人们的商业活动可以做到有规则可循。当商业活动已经成为一种非常频繁的活动时，人们在商业活动中所遵循的准则就会超越商业领域，成为人们在社会生活中普遍遵守的准则，例如遵守约定、服从规则、顾客导向、公平竞争等。在这样互爱的社会基础上，商业生态圈才会拥有更加稳固的基础。因此从某种程度上来讲，商业生态圈事实上是一个大同的世界。

无论是过去世俗的社会，还是现代经济飞速发展的社会，互爱始终是社会发展的核心，大同是人们永恒的追求。早在古代时期，人们就向往美好的大同社会，如"各美其美、美人之美、美美与共、天下大同"等都表现出了人们对于大同世界的向往之情。到了现代社会，虽然很多客观的因素影响了人们对大同社会的实践，但是在商业领域内，大同互爱还是一个非常重要的理念。其最重要的特征就是价值共享。价值共享可以说是无处不在，例如商业与其他领域之间，一个企业与另外一个企业之间，一个行业与另外一个行业之间，都存在着价值上的共享。它们相互连接形成价值链，共同形成一个完整的体系。其中每一个企业都是重要的一环，某一个环节的变化都会引起相关环节的变化，甚至对整个价值链产生影响。

一个企业要想取得长久的繁荣发展，最重要的策略就是进行内部价值共享。这就要求一个企业在自身发展的同时，还必须要给其他成员带来较大的个人利益，使其获得更多的发展经验。只有这样才能最终实现大同世界的理想。这一点在很多民营企业中都有较好的体现，例如在民营企业中，管理人员会给员工分配股份期权。这种做法具有两方面的好处：从企业管理方面来看，这是一种员工激励机制，使员工干活更加有积极性；从人性方面来看，这是一种最好的价值共享，员工可以从中感到一种互爱的力量。

企业之间的价值共享只是一种小的大同世界，而真正的大同当属于人生舞台的共享以及企业员工自我价值的普遍实现。这应该是每一个企业发展的终极目标。如果企业不能完成"自我实现"的大同，那么企业发展就会受到极大的局限，难以做大做强。

总之，从目前的发展形势来看，商业的普世越来越明显，很多商业巨头已经跨出国界，走上世界的舞台，已经不再局限于某一个国家的商业体。另外，在商业普世的过程中，另外一种通行世界的主流商业圈规则和商业文化也开始广泛地传播，例如平等、自由等核心理念，无论是在中国还是在世界上大家都普遍接受这种思想理念，这就更加快了商业改变社会的步伐。

作为商业生态圈的核心理念，互爱已经在企业中有较好的体现。通过改变社会活动，企业家的生命得到进一步的升华，并且促使企业取得更加长远的发展。在如今的社会上，企业家社会化已经成为一种潮流，他们的发展已经超越了本身的社会内涵，被认为是一个懂得反馈的商人群体，他们通过自己的创新思维创造出更多的价值，然后带来巨大的社会效应。

如今很多大型企业在自身盈利的同时，还注重参加各种公益事业，例如给灾区捐款、资助贫困山区孩子上学等。在尔虞我诈的商业丑闻中，这些是一股脱俗的社会风气，企业家们通过缔造一些非凡的成就，为社会做出了极大的贡献，为政府部门缓解了很大的压力。近些年来，我们经常可以看到一些富豪榜上的企业家名字出现在慈善榜上，显而易见，企业家做慈善事业已经发展成为一种趋势，他们将在这条路上越走越远。

商业可以改变社会，无数的企业正在不断地通过商业和非商业的方式改变社会。一个企业家要想创造出更大的利润，就必须要具备一定的资本和能力；如果他要想解决社会问题，创造出社会效益，就必须要具备各种商业技能和慈善资金，这样才能实现自己的梦想。因此，我们可以从成功商人的步伐中得出，他们事业的前半部分是用商业技能和资本去创造更大的利润空间，而后半部分则是利用商业技能和慈善资金去创造社会效益。

尽管企业家进行慈善活动对社会具有非常大的帮助，但是"授人以鱼不如授人以渔"，投身公益事业更是企业家在未来应该发展的方向。公益和慈善具有相同的一面,那就是对穷人进行帮助,但是二者又有着很大的不同。慈善就是直接以资金的形式去帮助他人,相当于直接给穷人饭吃,纵然对穷人的生活有很大的改观,但毕竟不能长久地持续。而公益则是相当于教会穷人生存的本领,自己去挣饭吃,这才是一个治本的做法。如今社会上的穷人越来越多,因此成功企业家要积极参与公益事业,提高公益事业的成效。

国家要想改善贫富分化的现象,创造和谐发展的社会,就要使全社会认识到公益事业的重要性和价值,不断鼓励企业参与公益事业,尤其是一些具有商业头脑和才华的企业家,更应该利用自己的商业知识使更多的人受益,展现出商业生态圈中互爱的核心理念。

第二节　互相帮助是商业生态圈价值的体现

互助是商业生态圈中另一个核心理念，它主要是指各利益方通过相互之间的合作达到一种共同盈利的状态。一个商业生态圈单纯地依靠一个企业是无法形成的，它是多个企业共同形成的一个完整体系。在生态圈中，最能体现互助这一核心理念的就是商会。无论企业类型的大小，只要加入商会，就意味着进入了属于自己的商业生态圈中。

商会对于中小企业来说，就是一个互助的空间。在商会中，当企业面临困难的时候，商会会让企业抱团取暖，这样就可以避免在遭遇经济寒流时，一个企业单打独斗、势单力薄而导致失败。那么，什么是商会呢？

商会是由企业和企业家组成的，它是这个利益群体成员的合法代言人。它作为一种社会组织，同样也具备一些社会组织的共性，即合法性、自主性、服务性、自律性特征。合法性首先是对商会的一种地位维护，无论商会做出怎样的决策都可以名正言顺，人们可以按照一定的规章制度办事；自主性强调商会的机动灵活；服务性使商会更好地发挥自己的才能，为社会服务；自律性促使参加商会的企业进行自我约束，行为更加规范化、制度化。

商会是一个特殊的组织，它向上与政府连结，向下与企业相接洽，从功能上来讲，它具有连接的功能。商会成员的才能可以决定商会的生存状态，是夹缝中求得生存还是充分发挥自己的才能左右逢源呢？只要商会中各成员进行良好的互动与分工，商会就会以聚合的力量和社会影响拓宽自己的权利空间，为政府与企业提供更好的解决办法。在过去，企业关系总是政府进行指导和管理，而企业处于依附的地位，现在则不同，政府和企业已经达到一种合作、平衡的状态，这种新型关系的建立，主要依赖于商会的纽带作用。商会本身也会随着自己的经济贡献和社会影响发展壮大。很多商会的会员在一些政府机关部门还兼任职务，这样不仅有利于自身的发展，同时还对商会的知名度有一定的促进作用。当商会取得一定的名声之后，一些知名企业的管理者就会加入进来，这就起到了很好的榜样力量，一些中小企业的管理者顺势也会加入进来，融入到组织集体中，为自己获取一定的社会身份和学习动力。

知道商会是什么以后，人们或许会问，商会都有怎样的类型？不同类型的商会中又会存在哪些内容呢？事实上，商会的出现是建立在企业的基础上的，只有有了企业，商会才会出现，因此商会的类型与企业存在很大的关系。通常来说，商会可以分为两种类型，一种是地域性商会，另一种是行业性商会。地域性商会注重的是地方的缘份，它又可分为本地商会和异地商会。本地商会就是当地组织起来的商会，而异地商会则是一些远离故土的企业共同建立的商会。行业性商会注重的是企业性质，相同性质的企业就会组织成商会，方便大家的互助与交流。

从内容方面来说，商会的无形资产要远远大于固定资产，这也是商会最大的财富。有时候它需要几届会员持续发展才能积累起来。商会主要利用自己的轻资产生产智慧型服务产品。商会会针对企业的需求进行私人订制，商会中的各种机构设置、制度机制等出发点都是企业发展的需要。因为需求，中小型企业加入商会拥有了共同的认知，会产生一种文化的归属感。

尽管人们知道中小型企业加入商会会对企业发展起到一定的帮助作

用，但是商会具体能够为企业做什么呢？企业是创造财富的主体，是国家真正的纳税人。而政府的主要工作是为企业营造创造财富的环境，提供各种类型的优质公共服务，保证各个企业在一个公平公正的社会中发展。商会作为企业发展的窗口，相比较经济功能，它的服务功能要更高一些，商会多为非营利组织，它们的生存完全依靠会费，企业会员缴费然后商会又为企业服务。尽管商会的服务指标不能量化，但是会员的诉求还是容易掌握的。因此商会必须要具备高效的组织能力，以便更好地解决会员普遍存在或者是具有各种差异性的问题。商会是一个自愿性的组织，企业可以自由进退，因此商会的会费收入以及会员规模主要取决于会员的商会体验。商会的发展是要依靠能力的，如果商会解决问题的能力较低，那么自然得不到会员的青睐。

商会主要是为企业服务的。虽然商会是非营利性组织，但是只要企业加入到商会中，商会就要帮助企业解决各种问题，最终实现盈利。这就要求商会具有一定的实力才行。一个成熟的商会，一定要拥有"大数据"和"组织动员"两大优势。大数据属于社会资源，可能包含社会各个部门的数据，包括政府、企业信息、社团、法律、金融、艺术等，商会所拥有的海量资源对企业发展有着至关重要的帮助作用，可以帮助企业将资源转化为生产力，进行有效的资源配置，更好地去节约企业成本。当然，商会要想实现这些功能单纯拥有大数据是不行的，还必须要有信息的协调和组织能力，将这些资源高效地利用起来。商会的发展在很大程度上依赖于商会会长和秘书长等商会的决策者。在这个团队的共同努力下，商会才会越来越好，越来越大。一些比较成熟的商会早已经脱离了商会发展的初步阶段，进入到"共赢"的成长阶段，不断地朝更加成熟的方向发展。甚至有些商会还与地方政府合作，进行招商引资，给当地的经济做出巨大的贡献。

商会的服务主要是以人为核心的。商会除了要为自己的会员企业谋求利益之外,还会加强对人的服务,从思想和生活上对会员多加关怀,多给予金钱之外的帮助。一个成熟的商会最开始只是简单地吸引会员参加进来,到最后就成了会员真正需要的主体。除了以人为核心提供服务之外,商会还要经常开会才行。如果商会总是处于静止不动的状态,那么就会越来越失去组织活力。因此商会要经常举办一些活动,让会员们流动起来,这样可以有效避免会员流失或者是一些僵尸会员出现。

商会作为社会组织,对企业的发展具有极大的促进作用,企业对于商会的认识要具有辩证性。商会既不是万能的,也不是没有用处。企业应该合理利用商会的资源,发挥自己的优势去帮助别人,当自己遇到困难的时候也会接受别人的帮助。总之,中小企业业主加入商会时,就走进了一个精神家园,给自己赋予了更多的使命感。而商会中的互相帮助也体现出了商业生态圈的价值。

第三节　互惠互利是商业生态圈存在的前提

合作的前提是什么？利益的共享。合作双方只有能够拥有共同的利益，合作才可能长久。在商业生态圈中，圈内企业间的关系是一种互惠互利的关系，通过与对方的合作，可以获得丰厚的回报，而对方通过与我方的合作，也能获得他想要的利益，这样合作自然而然就成功了。所以说，互惠互利是商业生态圈能够存在的前提。

上苑石场是一家专门生产碎石的厂家，他们家的产品是公路建设必备的原材料。他们家生产的碎石质地坚硬、大小均匀，在市场上很受欢迎。但他们家80%的碎石都销售给了腾飞道路工程有限公司，双方合作已达五年之久，且合作关系一直良好。如此紧密的合作关系在今天纷繁复杂的市场中算是难能可贵的。有时候人们甚至怀疑这两家企业是一个老板两套班子。其实人们想多了，人家就是两家企业，之所以合作得如此顺畅是因为互相各取所需而已。石场的石子质量上乘，修筑的公路经久耐用，且价格合理，道路工程公司当然喜欢采用，而腾飞公司的账款每笔都按时交付，从无拖欠，双方建立了牢固的信任关系。腾飞跟上苑合作，产品质量有保证，且工期进度不会耽误。上苑跟腾飞合作，货款有保证，产品销路也有保障，自己只要安心生产就可以了，完全不用为产品销售投入太多精力。有了双方共同的利益保障，他们之间的合作关系也就稳固了。

上面例子中的两家企业，因为利益的互补达成了长久的合作关系，双方都能从这种关系中获取自己想要的利益,是这种合作能够达成的基础。共同的利益,是企业间合作的纽带,在共同利益的驱使下,双方会格外珍惜和维护双方之间的合作关系,只有在这种关系存续期间,双方才能够获取各自所需的利益,互惠互利是商业得以存在的基础,只有在互惠互利的基础上建立起来的商业模式才是可持续的稳固的商业关系。在我们的日常商业活动中,企业间互利合作一般有以下四种情况:

首先是供应链式商业模式,这种模式存在于供应商与企业之间,像我们上面例子中的碎石厂就是道路企业的原料供应商。在这样的两家企业的合作过程中,供应商的货物利润空间留得越大,采购方就越愿意跟其合作,而采购方的货款越安全,供应商就越愿意跟其合作。所以采购方希望获取利润空间最大化的原材料,供货方希望获得稳定的销售渠道,二者奔着相同的利益点合作就正式达成了,而这种合作模式能否持久,关键就看双方的共同利益能够存续多久,任何一家的利益无法在合作中得以实现,那么这种合作就可能随时终止。所以利益能否实现,是双方合作最根本的基础。

其次是战略网络型。在这一战略网络内的企业互相配合,互相协作,形成一条完整的产业链,创造共同的价值。这种合作模式的关键就是企业要在产业链之中发挥出应有的作用,成为产业链不可或缺的一环。与此同时,战略网络生产出的产品要占领市场,产生丰厚的收益,这样各家企业间的合作才会稳固。总之,只要存在共同的利益,它们的合作就会一直延续下去。

再次是协作联营型。这种合作模式一般存在于有着竞争关系的企业之间,"合则两利,斗则两败"就是针对这种合作模式而言的。两家经营范围和模式相似的企业,如果互相竞争,那么结果只能是两败俱伤。但是如果两家企业在一定条件下互相妥协,实现最终的合作,那么双方都可以提高自己的利润。这种合作方式是互相妥协的结果，目的是为了获取更大的利润，但是这种合作是很脆弱的，一旦双方之间的实力平衡被打破，那么这种合作也就随之而结束了。

最后是虚拟组织型。这种合作模式存在的基础在于不同类型的生产资源相互配合创造出的巨大利益。你手中掌握的某项技术如果单凭你自己无法产生任何价值，但是通过有机联合，通过与其他公司的合作，就能把自己手中的资源或技术转换成经济价值。这种模式合作的基础还是共同的经济利益，合作各方彼此需要，通过与别人的合作获取自己的经济利益。

互惠互利，让每一家企业在与对方的合作中获得了自己想要的利益，也只有这样，双方才会产生合作的基础和合作的欲望。所以企业在选择自己的交易对象或合作伙伴的时候，一定要审视自身的优势，发挥自己的长处，通过与其他企业的合作获取自己的经济利益。而商业生态圈的存在正是建立在这种模式基础之上的，所以说，企业间的互惠互利是商业生态圈存在的前提。

第四节　共享是商业生态圈的灵魂

共享是商业生态圈的灵魂，是商业生态圈这一商业模式的精髓所在。共享的理念，为商业生态圈打开了一种之前从未有过的全新的商业模式。在生态圈内部，共享使生态圈参与者之间的关系发生了质变，双方或多方从利益攫取者变成了商业合作者和利益创造者。在生态圈外部，一种全新的商业模式横空出世，席卷全球，共享经济成为互联网时代全新推出的经济模式，改变了整个世界商业的面貌。

商业生态圈的搭建，是基于共同经济利益的考量而实现的，但如何创造共同的经济利益？这就需要用一种方法，一种理念，而这种理念就是我们现在所讲的共享。生态圈内的各家企业，在生态圈内成为暂时的合作伙伴，各方只有发挥自身的优势，取对方之长弥补自身的劣势，才能将各方力量形成合力，最终创造出大于各方之和的经济价值，从而实现各方利益的最大化。只有在共享理念的支配下，各家企业才能将生态圈利益放在第一位，尽自己最大的努力发挥自己的优势，做出自己的贡献，用自己的长处去弥补伙伴的短处，最终为了共同的利益拼尽全力。如果没有了共享，商业生态圈将会名存实亡，各家企业勾心斗角，互相精于算计，斤斤计较，为了自身利益，完全不顾大局，将生态圈的核心利益置之不顾，最终遭受损失的是整个生态圈成员。而自身获取的那一点点蝇头小利比起生态圈的损失来讲简直不值一提。这样的没有共享理念支撑的生态圈，只是徒有其表的花架子罢了，根本无法产生任何的经济价值，对于参与各方来说也是空耗资源的表面工程。所以说，共享是商业生态圈的灵魂。

而相对于外部环境，商业生态圈只有秉持共享的精神，才能与这个世界和平相处，并且从中得到自己想要的利益。而这也正是我们今天共享经济盛行的基础。商业生态圈作为多家企业出于追求共同经济利益的目的而建立的商业组织，是整个商业社会的一个参与者，在互联网时代，商业生态圈必须要具备共享的理念才可能在这个商业社会中寻找到自己的立足之地。共享，是与这个社会共享，与这个社会的每一个成员共享，让每一个社会成员从你的共享中获得自己想要的利益，然后才会成就你这个商业生态圈的利益，你才会获得你自己想要的利益。互联网时代，将从前的许多不可能变成了今天的可能。今天在我们身边大行其道的共享经济，之前人们也想做，但是限于信息和物流成本，只能局限于设想当中，但是随着互联网技术的突飞猛进，从前的设想变成了今天的现实。根据大数定律，当用户的数量非常庞大，且他们使用资源的需求都是突发式的随机产生时，那么商家就可以将全体用户看作一个整体，这个用户整体对资源的使用要求就变得相当平滑和比较稳定，并且也是可以预测的。基于这一观点，商家就可以提供这一受众需求的产品。规模经济理论强调，当一个系统中的资源与用户数目同时按比例增加时，在一定范围内，系统的规模越大，这个系统就越经济，这一理论为共享经济的出现提供了物质基础。商业生态圈的各家企业，只有紧跟时代的步伐，适应时代发展的需要，以共享的态度创造出适合共享的产品，才能够获取自己最大的利润。

共享成就了商业生态圈，共享让圈内的每一家企业明白如何才能获得最大的利益，在利益的驱动下每一家企业都能为生态圈贡献出自己最大的能量。共享也让商业生态圈有了创造价值的基础。在共享理念下，共享经济获得了长足的发展，商业生态圈利用这一时机推出了一系列共享产品，创造了巨大的财富价值。

第五节 共生让商业生态圈的效益最大化

共生是商业生态圈的又一个核心理念，它指的是所有的利益相关者通过某种互利机制有机地组合在一起，不断创造共同的价值，共同生存下来并取得快速的发展。在过去，企业要想寻求更好的发展，主要是依靠企业内化能力，而商业生态圈的出现打破了企业发展的这一限制，将目光转向企业的外部。也就是说，主导企业联合各个利益相关者建立起价值共享的商业生态圈，利用生态圈不断地挖掘各个企业的能力，促使整个商业生态圈都能够创造出价值，然后大家共享，最后实现共生的美好愿景。

商业生态圈模式对未来商业竞争的格局具有非常重要的影响，企业要做的就是不断扩大生态圈的影响力，使之朝着多元化的生态圈发展，而构建多元化生态圈最好的机制就是价值共享。企业进行价值共享，不仅能够促进生态圈的多元化发展，同时还能最大限度地调动人力、资金等资源优势，提高产业的转化率，促进企业效益。

共享机制对于企业的发展至关重要，那么企业该如何去打造价值共享机制扩大生态圈的影响力呢？事实上最重要的一步就是将各个利益相关者沉淀累积下来，然后充分调动他们的积极性，发挥出各自最大的价值创造。企业加入生态圈以后，要想使它们继续留在生态圈中进行价值共享，生态圈就必须要提供更高的价值，当企业参与进来以后，要根据企业自己的需求和差异进行细分，使各企业拥有自己创造价值的空间，同时还要加强个性化的管理手段。企业要想追求利益最大化，就必须要实现价值共享，实现共生，因此共生让商业生态圈的效益最大化。

要想让商业生态圈健康有序地发展，就必须要设计商业模式。在这个过程中，不仅要关注自己的利益相关者，同时还必须关注利益相关者的利益相关者，也就是说各种类型的利益相关者共同形成一个"共生体"，商业模式的设计必须要基于"共生体"的发展才能更好地执行下去。这样一来，设计商业模式的人才能将目光放在更加广阔的空间上，不断提高交易效率，分享价值。

设计商业模式之初，要与发展战略相结合。发展战略首先要求人们选定发展的市场。商业模式只有在市场的基础上才能发挥更好的作用。不同的市场对商业模式放大作用的影响是不同的，即使商业模式相同，效率相等，放大作用相接近，但是市场不同，所创造出来的价值也会有明显的差异。因此在设计商业模式的时候，人们首先要选择的是市场，看同样的商业模式能否应用到能够产生更高企业价值的市场上去。

为了创新商业模式，企业的商业模式往往要包含利益相关者，简单地说，在交易结构中表现出来的，不仅是企业本身及其利益相关者，同时还要包括利益相关者的利益相关者。除此之外，还要将一些内部利益相关者包含进边界，它们具有独立的投入产出、独立的利益诉求、独立的权利配置，例如物流、支付等。这个边界要扩展到哪一个级别并没有非常明确的规定，而是要根据自己的创新视野而定。因此交易结构的总和体现的是企业本身和相关利益者的商业模式，即所谓的"共生体"。

共生体并没有明显的边界，它可以是随着商业模式创新的视野不断地拓展开来，它的外延处于动态的变化中，至于如何去界定边界，主要取决于商业模式的创新目标。因此，当你对"共生体"进行设计的时候，当涉及某个利益相关者的商业模式的时候，企业就应该分析与自己相关联的一部分，也就是那些与企业有交易或者有可能交易的部分。这时，你的共生体就包含了利益相关者商业模式中的一部分。

商业生态相对于共生体来说，范围要更加广阔。它不仅要包含共生体以及相关的竞争对手，同时还会包括你的合作伙伴、上下游的利益相关者等，是它们的综合。从基本的性质上来讲，商业模式、共生体和商业生态是三个相互关联的概念，商业模式的集合形成共生体，而共生体的集合形成了商业生态。

共生体的设计有了战略和边界以后，最重要的还是要掌握一定的方法。通常来说，重要的方法包括切割与重组。共生体的出现将人们的视角从焦点企业及其利益相关者拓展到了整个生态圈，纵向拓展到了整个产业价值链，横向拓展到了整个活动价值链，这样一来，人们的视角就更加宏观、开阔。综观整个商业生态，可以从投入、处理、产出三个角度进行切割和重组。投入主要是资源，处理过程反映的是利益相关者的能力，而从产出中则可以定义利益相关者的各种属性。这三个部分都可以进行切割，将切割之后的部分重新组合到新的利益相关者中，就实现了商业模式的创新。

关于切割和重组的评价主要建立在三个标准之上，也就是交易成本、交易价值和交易风险。任何一个商业活动环节、资源、能力的切割重组都要消耗一定的交易成本，在创造交易价值的同时，还必须承担一定的交易风险。

从这些方面来看，无论是资源、能力还是商业活动环节的切割和重组，它们最终要实现的目标都是要降低交易成本，提升交易价值，降低交易风险。而时代的发展要求企业在进行自我管理的同时，还应该将战略目光投向更加长远的地方，不断培养商业模式的视野和洞察力，在发展中寻找到属于自己的共生体和适合的商业模式，与其他企业实现最后的共同生存和发展的战略目标。

第六节　共赢是商业生态圈的终极目标

共赢是商业生态圈的核心理念，也是商业生态圈的终极目标。它强调的是生态圈中的各个利益相关者能够互爱互助、互惠互利，最后实现共同赢利的目的。商业生态系统是由中小型企业相互作用的生态系统，每一个企业在其中担当的角色都是不同的，它们有各自的发展空间和利益驱动，但是又相互依赖、共生，只要其中一个出现问题，整个生态系统就会失去平衡和稳定，导致其他环节受到不同程度的影响。这个商业生态系统中的每一家企业都与整个商业生态系统共命运。因此在商业生态圈中，所有的参与者都有一个终级的目标，那就是共赢，各取所需，这样才不会因为其他的环节导致企业效益降低。

"利"是生活中人们经常追逐的目标。自古以来人类社会和组织的行为活动都会展现出某种趋利性，无论这种利益是实实在在的经济利益还是名誉和地位，都是人们所向往的。一个商业生态系统如果想长久持续地发展下去，就必须要以共赢作为其发展的基本理念和宗旨，满足系统中各个环节的利益需求，这样利益相关者才会在利益的驱使下不断地进行价值分享，维护生态圈的健康发展。

从概念上来理解，商业生态系统中的共赢并不是一个单向度的概念，它具有相对性和动态性。相对性主要是指一个高效的商业生态系统可以满足参与到其中的各个组织的利益要求，激发它们想要加入商业系统的热情。另外，参与到系统中的企业会在系统中提供价值分享，给系统健康有序的发展提供动力，从某种程度上来说，各个企业与商业生态系统是相对统一的，达成共赢目标的不只是商业生态系统中的各个参与者，同时也包括各个企业与商业生态系统中的共赢关系，它们共同生存、共同发展。动态性是商业生态系统发展的根本动力，它具体到系统内的每一个参与者。一个高效的商业生态系统中的参与者不会总是不变的，在商业生态系统不断发展的过程中，总会有参与者加入进来扩充系统的规模，使其保持高度的发展活力，也总会有一些参与者因为某种特殊的原因而退出系统。再从具体的参与者来说，每一个企业在商业生态系统中所扮演的角色也不是一成不变的，随着系统的不断扩大和成熟，参与者本身也会不断地变化，拓展其角色功能，以适应商业生态系统的发展。

合作共赢是商业生态系统的核心理念，有利益的地方就会产生相应的矛盾，而矛盾是推动人类社会发展前进的内在动力。自然生态系统需要不同的生命形态来保持系统的多样性特征，来适应外部环境的不断变化。商业生态系统与之相似，也是由不同的个体和组织参与者组成的。相对于系统来说，这些组织参与者都有着共同的目标，那就是不断提供价值维持并促进商业生态系统的高效发展，增强生态系统的组织竞争力，最后实现共赢的目的。尽管如此，它们作为独立的个体，又存在着不同的利益追求，而在特定的时间段内，商业生态系统中又会出现有限资源的争夺利用，这就会导致系统间个体的相互竞争。每一个参与者为了追求自己的利益最大化而与其他个体产生矛盾。

对于商业生态系统来说，存在矛盾是一个必然的现象。每当面临这样的状况时，系统最正确的选择应该是直面矛盾的存在，并且将其控制在一个特定的范围之内，而不是想着在系统内部完全消灭这种竞争和矛盾。因为在商业生态系统中，参与者一定限度的竞争对整个生态环境的破坏作用并不明显，反而会激发参与者产生优胜劣汰的竞争积极性。这时，组织内部会不断地进行自我筛选、资源优化，更好地去匹配各个参与者的发展，最终使得商业生态系统整个的竞争力得到提升。

互利共赢的商业生态系统对每一个参与者的发展都是有利的，那么如何建立这样一个共赢的商业生态系统就成为了一个非常关键的问题。关于这一点，詹姆斯·穆尔曾经在他的书中为人们指明了方向。在他看来，建立一个共赢的商业生态系统通常需要四个独立的阶段，简单说来就是开拓、发展、领导以及更新。虽然这四个阶段在实践中经常会并行出现且难以界定，但是在每一个阶段管理与发展仍然会有其不同的操作要领存在。

开拓阶段是头脑风暴的阶段，最主要的目的就是寻找新的商业生态系统，其所具备的特征是要有特殊的生存能力。在这个阶段中，人们的思想精神都集中在寻找这种商业生态系统上。只要遇到比已经有的事物能够创造出更好的产品或者服务，无论是技术还是观念，都会引起人们的高度重视，尤其是企业家们更是尽心尽力地去组织生态系统，不断地去满足参与者的各种需求。在这个阶段，衡量事物的一个标准就是价值，只要有巨大价值的事情就去做，有价值的人就利用起来，让人们看到赢利的希望，这样人们才会不断地投入人力、资金等各种资源，从而促进新商业生态系统的形成。

发展阶段是商业生态系必须要实现的一步。发现有特殊生存力的商业生态系统以后，必须要通过扩展覆盖它们可以利用的范围。这样就可以扩大需求，实现企业在生态系统中的地位。在这个阶段，最重要的工作就是对潜在联盟进行区分，然后将有价值的人或事物充分地利用起来，例如产品的供应商、各种销售渠道、最后的顾客等，只有全部完成这一系列动作，才能对整个企业方向进行充分的把控，否则生态系统将会是一个非常混乱的状态。

领导阶段是一个体现价值的阶段。商业生态系统不断地朝着稳定的方向发展，在这个过程中，总会有参与者不断地加入进来，然后寻找到自己合适的位置。但是仅凭这些是远远不够的，一个参与者要想在生态系统中获得长足的发展，就必须要做出自己的贡献，进行价值分享，这样才能在商业生态系统中树立起自己的权威。

更新阶段是保持商业生态系统长久持续发展的根本。商业生态系统总是处于一种动态平衡中。如果一个生态系统的参与者始终得不到更新，那么整个系统就会趋于老化，无法创造新的价值，最终导致衰退。在这个阶段，要不断地改进性能。一个成熟的商业生态系统总是不断地寻找新的方法，把一些新的观念融入到旧的秩序中去，从而促进新的生存力的诞生。

第四章
商业生态圈的构建

商业生态圈的构建，非一朝一夕之功，需要企业慎重决策，有效工作，通过与外界持续有效的沟通才可以完成。构建商业生态圈，需要首先从内部入手，理顺企业内部的管理。然后根据自身需要寻找适合自身发展的企业，共同构建商业生态圈。在这期间还要考虑商业生态圈的运转模式、安全防护、危机公关等一系列的问题，最终使商业生态圈成功运营，不断获得发展。

第一节　从企业内部开始生态圈的构建

今天的市场竞争越来越激烈，一个企业如果想立于不败之地，仅仅依靠核心竞争力已经无法保障其市场地位。构建、优化与利益相关者的关系，致力于营造共生、共赢的商业生态系统也成为企业在市场中立于不败的关键所在。尽管构建商业生态圈并不是一家企业所能够完成的。但是作为参与者，主导企业常常缺乏可以支撑商业生态圈的内部生态系统，因此，构建生态圈必须要从主导企业的内部开始，这就要求企业内部的人力资源可以作为构建商业生态圈的基础，而企业的管理者也需要具备一定的战略性头脑，对未来的商业发展有一个很好的把握。

通常来说，构建商业生态圈必须要考虑定位和连接两方面的关键因素。定位主要指的是不同资源持有者在商业生态圈中所占有的地位和存在的意义。这个定位并不是企业自己确定的，而是由以往的产业链模式所决定的。定位对于资源的持有者有非常大的影响，它决定了资源持有者在整个商业生态圈具有怎样的影响以及能够从生态圈中获得多大的收益。而连接指的是不同个体之间的连接。如果主体之间的连接力比较强，那么相互之间的关系就比较紧密，总体的创造能力就会更强，总体价值的提升空间会更高一些，这就给生态圈的各参与主体创造出更广泛的利润。但是如果连接不紧密，整个产业链相对比较松散，凝聚力差，价值创造力较低，那么就会对商业生态圈的发展产生不利的影响。

商业生态圈的基础应该是内部人力资本生态系统。通常情况下，生态圈中各主体之间的连接是由主导方来设置，而主导方本身也就是连接的核心。从主导方内部来看，通常负责与其他组织进行对接的并不是同一个业务单元或者是部门。例如在一个企业中，因为业务需要经常与上、下游企业产生不断的联系对接，企业在构建商业生态圈的时候就应该将供应商和渠道商都纳入进来，然后分配内部的采购部门和上游的供应商对接，分配销售部门与下游的渠道商进行对接。在这种情况下，假设其他的条件没有变化，那么采购部和销售部之间的连接沟通越紧密，企业本身发展就会越好，相反则会出现众多的状况，影响公司的正常运营。

构建商业生态圈，除了与企业外部相关合作方建立好关系之外，企业内部的人力资本构建也是商业生态圈能否高效发挥作用的关键。构建高效的企业内部用人模式，必须要保证用人的开放性、多元化、优势化、标准化。

商业生态圈的特殊运营模式，要求生态圈内的各家企业对自己的用人要具备一定的开放性。商业生态圈是一个协同要求很高的商业组织，为了实现商业生态圈的利益最大化，各家企业需要相互配合，密切合作来完成商业任务，而这些工作说到底是需要具体的个人来负责完成的，但因为涉及多家企业来共同协作完成，这就涉及人员的流动问题。如果商业生态圈内各家企业的人事安排还是封闭的、僵化的，那么就会对工作产生负面的影响。所以，生态圈内的每一家企业在人力资源的管理上要保持一定的开放性，以便支撑商业生态圈特殊的运作模式。当然，这种开放是有限度的，各家企业之间的企业边界还需要有效的保护。

多元化用人就是商业生态圈内企业在用人上要打破之前用人单一化的弊端，这一要求是相对于用人开放性的特征而提出的。单一化的用人模式无法保证企业的用人具备开放性，只有多元化的用人模式才能让各类人才加入到企业的经营当中来，这样的用人模式避免了企业中员工间互相排斥或压制，导致企业工作无法正常开展的情况的发生，一些特定类型人才也可以更好地融入企业当中，为整个生态圈的构建发挥重要作用。

而优势化则是因为多元化用人政策的贯彻执行而产生的积极结果。多元化的用人政策导致企业人力资源的配备和竞争进入一种良性循环的状态，多元人才的引入，让企业的工作更加专业，每一个人做着自己擅长的工作，工作效率和积极性大大提高，工作中员工互相取长补短，使企业的经营更加稳健和高效。

标准化则是对上述多元化和优势化用人的有效补充，所谓无规矩不成方圆，一味地让员工根据自己的想法发挥也是不行的，凡事都有度，员工优势的发挥必须要服从企业经营发展的大局，只有在这个大前提下员工发挥自身优势，为企业创造价值，企业和员工才能实现双赢。标准化的要求，让工作的目标更明确，让员工的任务更具体，让完成的效果更理想。标准化的用人，是建立在科学用人基础上的人力资源管理，只有以标准化用人为前提，才能保证进入企业的人都是企业需要的、能为企业创造价值的人才，才能让企业设定的每一个工作岗位发挥其应有的作用，才能为商业生态圈的发展打好基础。

第二节 企业领导的选择

构建企业生态圈，企业的领导者在其中发挥着至关重要的作用。面对不同于传统的商业规则，企业领导需要做出应有的改变以适应时代的发展。如何构建企业的生态圈，如何让企业在商业生态圈中获取最大利益的同时，还要保证商业生态圈的健康有序的运行，这就要求企业的领导者在许多问题上做出准确的判断，在自己企业的基础之上构建和优化自己的商业生态圈。

构建和优化商业生态圈，企业领导者首先要面临的选择就是企业业务范围的扩张与收敛的问题。互联网时代，跨界运营已经成为常态，只要企业实力足够强，兴趣足够广，企业可以根据自身条件经营所有自己想要做的业务。这就出现了许多企业在自己本职行业的基础之上衍生出许多相关产业的经营，这就是我们所说的企业经营范围的扩张。因为有其本职行业强劲的实力作保障，所以这些企业在新的领域往往冲劲十足，成为这个行业的鲶鱼，搅乱了这一行业本来死气沉沉的氛围。同时也给企业带来了丰厚的经济回报。但是这种跨界操作往往也会带来一个极大的弊端，即生态圈重叠的概率大大增加。出现了自己人抢了自己人的饭碗，造成了无效竞争，出现了重复投资的现象。这就要求企业领导者在制定企业发展战略的时候要在组织层面生态立体化扩张的同时又要避免行业层面的生态的恶化，要合理分析行业的重叠程度，避免盲目投资和重复投资造成的企业资源的浪费。企业决策必须要把握有所为有所不为的原则，在业务拓展的过程中要密切分析企业现有的业务范围，有效避开企业自身的经营范围，拓展新兴业务和市场，使企业和商业生态圈的利益和投资效率最大化。

在商业生态圈的构建和优化过程中，企业领导还需要考虑如何与自己生态圈内的伙伴和谐相处的问题。一个高效的生态圈，企业对于生态圈的控制权要做到收放自如，该放手的放手，该抓紧的抓紧。既要让自己的合作伙伴拥有在生态圈内相当的自主权，同时也要对他们的工作进行一定限度的指导。总的要求就是：在保证生态伙伴积极性的同时，对他们的工作进行全局性的指导，实现生态圈的利益最大化。

企业在商业生态圈的构建和优化过程中还需要考虑的一个问题就是：如何与自己的生态伙伴分享生态圈创造的利益，与此同时还要实现自己企业利益的最大化。这其中有一个度的把握问题，把握好了，生态圈会获得不断的发展，创造的价值会越来越大，如果这个问题处理不好，就会挫伤生态伙伴的工作积极性，降低商业生态圈的工作效率，损失的是整个商业生态圈的利益，当然，你自己企业的利益也必然会遭到损害。利益的分配，是一个十分敏感的话题，处理不当将会带来十分负面的影响，这十分考验企业领导者的管理才能。一味地从生态圈和合作伙伴身上抽取利益，最终必然会反噬自己，缩短生态圈存在的寿命，搞得每一个合作伙伴都怨声载道，效率低下。但一味地给予利益，又会损害整个生态圈的利益，且这样做不会长久。所以，作为企业和生态圈的领导者，如何聪明地给予是一件相当见管理水平的事情，需要每一位领导者仔细斟酌。只有聪明地给予，才能构建和优化商业生态圈，优化与合作伙伴的关系，使生态圈发展得更好。

第四章 商业生态圈的构建

第三节 网络安全是商业生态圈的命脉

商业生态圈的出现得益于互联网技术的高度发展。通过互联网技术的连通，不同的企业基于共同的利益组合在一起，组成一个商业组织，获取更大的利益。由于商业生态圈高度依赖网络，所以网络安全就成为商业生态圈必须要格外关注的一个问题。日益严重的网络安全问题，成为商业生态圈正常运营潜在的巨大威胁，有时一个小小的网络攻击就可能导致重大商业损失的发生。

商业生态圈是一个相当复杂的组织机构，它因各方共同的利益追求而存在，互相之间保持着微妙的平衡，这其中一般包括客户、供应商、生产商、投资者、合作伙伴等形形色色的独立个体，大家相互合作，将利益做到最大化，以此来获得各自想要的利益。因为其分散性，决定了相互之间的联系和沟通并不像一家企业那样有着严密的组织结构和工作制度，这就对各方的沟通提出了相当高的要求，一旦沟通不畅，就会产生误会，导致不必要的损失的发生。而商业生态圈又建立在现代网络技术高度发达的基础之上，这导致商业生态圈对于网络的依赖程度非常高，一旦网络安全出现问题，必将会给商业生态圈带来严重的损失。

作为成熟的商业生态圈，必须要有行之有效的危机应对预案，因为商业生态圈内企业各自的独立性，从本质上讲就是一个松散的利益联盟关系，企业之间的沟通、互动、信息的传达、品牌的共享、绩效的有效监督等都需要及时有效地进行把控,而这一切都要依赖网络,一旦网络出现问题,被恶意攻击,后果将是不堪设想的。所以我们说,网络安全是商业生态圈必须要重视的重要工作,只有安全的网络环境才是商业生态圈能够持久繁荣的最基本的保证。

网络安全是包括商业生态圈企业在内的全社会的重要课题,所以企业必须要把网络安全提升到战略高度来重视。形成互联网内企业命运共同体的认识,防范网络安全事故的发生,提升应对网络安全威胁的能力。因为商业生态圈特殊的组织结构,导致组织内各家企业的联系特别紧密,一旦一家企业网络安全受到威胁,就会波及其他相关企业,造成连锁反应,放大的损失的严重程度。这就要求生态圈内每一家企业都要以对生态圈负责任的态度认真做好自己互联网安全防范工作,不要因为自己企业的失误导致整个生态圈跟着遭殃。根据木桶理论,如果将整个生态圈比作一个木桶的话,企业要争取自己不要成为整个木桶最短的那一块拼板。不要让自己成为网络攻击的突破口,为了整个生态圈的利益要扎好自己的篱笆,不让自己的防线失守。

另外,有些企业对于网络安全问题的认识还不够,认识不到网络潜在的风险,无法预判网络攻击对企业造成的严重影响,容易出现漫不经心和麻痹大意的情况,这在一定程度上加重了网络风险发生的概率和危害程度。这是我们必须要注意的问题。

第四节 价值创造是商业生态圈存在的意义

决定商品价值的要素并不仅仅是劳动,更为关键的是生产性的劳动,无效的劳动是不会产生价值的。所以说一家企业,如何看待其价值,并不是仅仅看其做了多少工作,更为关键的是要看其做了多少有效的工作,即其劳动成果获得了多少消费者的认可,市场对其产品产生了什么样的反响。显而易见,滞销商品是无法产生价值的,如果一家企业的某款产品因为设计或者其他的原因无法获得消费者的青睐,从一生产出来就长住库房,那么这款产品就不会产生价值。所以,根据上述认识我们可以为价值创造下定义为:你为消费者提供了产品或服务,并获得了消费者的认可,产生了利润。如果你的产品或服务给消费者节省了一部分费用,那么就说明你的产品或服务创造了价值。

价值的产生对于企业有着至关重要的作用,只有持续不断地产生价值,企业才有生存下去的理由,同时也是企业最大的价值所在。只有不断创造价值的企业,才能不断获得发展,在发展中壮大自己的实力,做强自己的产品,占领市场,成为行业的领导企业。而商业生态圈是由若干个企业组成的商业组织,其存在的价值也是将生态圈的利益最大化,为每一家企业创造最大的价值。要想让企业和它所在的生态圈创造出更大的利益,我们可以从以下几点着手。

首先,要从理念上强化价值创造的认识,明白价值创造对于企业的重要性。价值创造就是企业的生命线，谁失去了价值创造的能力，谁就失去了在这个市场中生存下去的资本。要认识到价值创造的来源在于企业家不断地创新，只有拥有创新精神和进取心的企业家才能带动他的企业不断开发出新的产品，不断开拓新的市场，不断创造出新的价值。同时企业还要牢固树立"客户至上"的服务理念，明白你的价值源于客户对产品的认可，只有客户愿意花钱买你的产品，你的价值才能得以实现。要不断优化自己的产品和服务，提升客户对产品和服务的满意度，让你的企业产生最大的价值。

其次，要从企业组织方式入手提升企业的价值创造能力。如前所述，商业生态圈就是企业为了提升自身价值而在自身利益基础上与其他企业合作组成的新的价值产生组织。新的组织平台的产生，可以有效弥补企业自身的短板，将自己的长处最大限度地发挥出来，从而创造出比自己单打独斗更大的价值。商业生态圈的存在真正做到了专业的人做专业的事，在商业生态圈各司其职、各自分工的工作模式下，生态圈各方面的工作做到了极致，从产品生产到物流运输，从客户维护到售后服务，因为专业，所以效率更高，创造的价值更大。

最后，企业要想获得更高的价值，还需要从大的方面考虑突出自己的战略价值。这个道理就像"物以稀为贵"一样，企业一定要选择有发展前景、附加值高的行业，要通过不断研发和创新，掌握先进的技术，获取市场份额。通过技术壁垒维护自己的产品优势，创造自己企业的战略性价值，提高企业的效益。另外，通过企业内部人事关系、企业制度的整合以及生态圈内合作伙伴间的有效配合，也可以提升企业的价值，创造出更多的财富。

创造更多的价值，让企业间产生"1+1>2"的化学反应，这是商业生态圈存在的最大价值。在每一家企业做好自己的同时，有了商业生态圈这一平台，企业将会更好地发挥出自己的能力，让自己的价值实现提升。生态圈的存在，最关键的就是企业遇到的问题得到了更好的解决方案，企业可以无后顾之忧地去做自己擅长的事情。实现了企业间价值的协作创造和价值分享。商业生态圈使企业的交易成本明显地降低，通过协作，生态圈内部将问题解决掉了，各方形成合力，最终形成了商业生态圈整体的竞争优势，在与外部的竞争中更有竞争力，最终实现价值的最大化。

第五节　生态圈治理是其健康发展的前提

作为若干企业组成的商业组织，商业生态圈担负着协调企业间分工合作，提高企业工作效率、创造社会价值的重任。那么商业生态圈内企业间如何互动？企业间信息如何沟通？各企业工作状况如何监督？商业生态圈面对危机时如何应对？这些问题都需要通过对商业生态圈的治理来达到理想的效果，以上我们所讲的是商业生态圈内部的治理问题。除了内部，商业生态圈还面临着如何与外部环境相处的问题，如何适应市场的需求？如何设计和生产出符合消费者需求的产品或服务？如何才能让生态圈创造的价值最大化？这些也需要通过对生态圈的治理来加以实现。一句话，我们所讲的生态圈治理，就是通过对生态圈内部和外部各因素的协调，提高商业生态圈的工作效率，创造更大的价值。

商业生态圈的内部治理，主要是通过对组织内部的互动方式、信息交流、危机应对预案等各方面问题的调整和协调，最终把内部各方面关系理顺，使生态圈内各家企业将自己的优势发挥到极致，将生态圈的效率提升，绩效提高。具体而言，在商业生态圈内部治理的时候我们需要考虑生态圈内各企业之间如何在创新上通力合作，形成合力，让各合作企业之间在联合创新、共同增长方面取得好的合作和获得更好的成果。治理商业生态圈内部问题，需要提高商业生态圈遇到难题时的解决能力，当商业生态圈遇到问题的时候，一个优秀的商业生态圈要能够及时提出行之有效的解决方案，并且在生态圈的运营上要采取行之有效的措施保证运行的顺畅与高效。治理商业生态圈，要提升各合作伙伴之间的信任度，增强彼此的合作意识，互相取长补短，各自发挥自己的长处，为了生态圈共同的利益齐心协力，共创辉煌。商业生态圈内部的治理，更为关键的是要保证各合作伙伴之间达成的共识与合约得到不折不扣的执行，要保证生态圈内的各项规章制度得到不折不扣的遵守，要确保生态圈制定的发展目标得到最大可能的实现。生态圈的内部治理，还要保证各合作伙伴之间的信息要尽可能的透明，让伙伴知道你在做什么，明白你为了整个生态圈的发展做出了什么样的贡献，你为大家都带来了什么样的帮助，你的企业为整个生态圈的发展做出了什么样的贡献。商业生态圈的内部治理，还要求切实提高生态圈的风险防范和抵抗能力。在危及生态圈利益的事情发生的时候，商业生态圈要提出行之有效的应对措施，将负面消极的影响降到最低。商业生态圈的内部治理还包括在商业生态圈发展的方向上要有一个清晰的明确的目标和发展方向，要让生态圈的发展尽可能地避开市场陷阱，确保生态圈发展的安全。

外部治理也是商业生态圈治理不可或缺的一部分。不同的企业因为其不同的特点，在市场上有着不同的生存方式。概言之，主要有以下四种类型的企业：第一类企业，自己的核心资源较弱，在市场中处于弱势地位，依靠廉价的劳动力在市场中求得生存，这一类型的企业市场竞争力弱，无法左右市场的动向，只能被动地适应市场的变化，生存能力较弱，通过辅助其他有竞争力的企业来获得发展，这类企业主要为其他有实力的企业分担生产任务。第二类企业，自身的核心竞争力很强，有着很强的自主创新能力，是市场上比较有竞争力的企业。这一类型的企业在市场中能够不断开拓创新，获取新的市场，但是这一类企业有一个明显的缺点就是其过于刚猛，容易冒进，不善于链接外部资源，借助其他力量发展自己，没有稳定的可以分担压力的合作伙伴。第三类企业，其自身核心竞争力并不强，但是其有着很强的外部联系能力，能够有效地将对自己有利的各种因素联系起来，利用别人的力量发展壮大自己，获取自己的利益。这一类企业在短期内能够在市场的竞争中占据上风，但是因为其缺乏过硬的核心竞争力的支撑，长期来看，其发展潜力并不大。第四类企业则是兼具了核心竞争力和资源生态利用能力的企业，这一类企业有着很强的竞争力，同时还善于利用各种方法将各种有效因素为己所用，不断发展壮大自己。针对不同企业的特点，我们在进行生态圈治理的时候要采取不同的方法和策略来进行行之有效的治理，要让核心竞争力与资源利用能力有机地结合起来，同时还要包括那些任劳任怨地为生态圈做出贡献的、竞争力不强的企业。要让整个生态圈通过整合之后形成合力，既要有自身强劲的核心竞争力，同时还要善于分析市场形势，将各种有利的资源为我所用，不断壮大和发展商业生态圈，创造出更大的价值和利润。

第五章
生态圈模式下的经商策略

在商业生态圈模式下,企业经营方式发生了根本性的改变,企业要获得发展,必须要学会在生态圈模式下的经商策略。根据商业生态圈的特点制定自己的经营策略,既要维护整个生态圈的核心利益,又要让自己的企业获得发展,实现企业个体与生态圈整体的双赢,这需要经营者极大的经营智慧。

第一节　商业生态圈的特点

商业生态圈是企业间为了共同的利益组合在一起的一个商业组织。这一商业组织改变了以往传统意义上的商业模式，组织内部的企业已经将企业间的竞争关系转变为各企业间相互合作、共同发展的协作关系，基于这种新的企业间的关系，我们可以分析出商业生态圈具有轻、不可复制性以及放大效应的特点。

商业生态圈特点中的轻指的是资产的轻，投入的轻，企业压力的轻。这一特点是基于商业生态圈模式与传统的价值链模式的比较而得出的。在传统的价值链模式中，一家企业如果要为市场生产一种产品或提供一种服务，需要通过自身资源的付出调动极大的市场资源才可以完成，这本身就为企业的发展带来了极重的负担和压力。而在商业生态圈模式下的企业经营因为商业生态圈这一平台的存在，各家企业各司其职，通力合作来为市场提供某款产品或服务，极大地降低了生产成本，主导企业付出的资源与承担的压力大大减轻，加速了企业的发展和价值的产生。而企业无须在产品的研发和生产中加大重资产的投入，让企业轻装上阵，发展更加迅捷。商业生态圈内各成员企业以自己最小的投入撬动以往不敢想象的大的项目的展开，极大地提高了生产效率。

商业生态圈的第二个特点就是它的不可复制性。这一特点是基于商业生态圈特有的组织形式而提出的。商业生态圈是由多家不同的企业互相基于共同的利益追求而组成的，生态圈的核心竞争力来自圈内的各家企业。每一家企业在生态圈内都以自己最擅长的能力为生态圈贡献着自己的力量，共同构成着商业生态圈的核心竞争力。由于核心竞争力构成的复杂性，导致了企业核心竞争力的不可复制性，不同企业的组合会构成不同的核心竞争力，所以如果有哪个企业或商业生态圈想复制一家商业生态圈的核心竞争力，那几乎是不可能的事情。从根本上说，不可复制，源于核心竞争力构成因素的复杂性；另外，商业生态圈具有多元性与开放性特点导致商业生态圈不是一个静止的固化的组织，它会根据自己的需要不断吸纳新的成员，吸纳新的技术加入，这一动态加入导致商业生态圈的核心竞争力随时都可能发生变化，这也进一步加固了商业生态圈不可复制性的特点。

商业生态圈的第三个特点就是它的放大效应。商业生态圈存在的价值就是其创造价值的不断放大。各企业间的通力合作会产生"1+1>2"的效果，每一家伙伴企业都通过生态圈的平台使自己的效益得以放大。这样一来生态圈的发展就处在一个良性的循环当中，企业以很小的代价撬动很大的项目，齐心协力做成自身无论如何都完不成的项目，使自己的能力和效率无限放大，获得丰厚的回报。

第二节　商业生态圈存在的意义

商业生态圈的存在，改变了传统的企业生存模式。在传统的商业模式环境中，企业作为市场中的个体，需要自己调动一切资源来进行生产经营，以获得在市场中生存下去并实现企业盈利的资本。这种模式，对企业的生存能力有着极高的要求，企业需要想尽一切办法去获取资源进行生产，需要投入大量的资金，因而企业的负担很大。面对生存的压力，企业迫切渴望有一个组织，可以在不损害他们自身利益的前提下，为企业的发展提供帮助和保护，于是商业生态圈就应运而生了。

商业生态圈存在的最大意义就是不同的企业之间实现了互利共赢。将之前竞争的企业关系变成了合作的关系，将之前瓜分利益的关系变成了共同创造利益的关系，将之前孤立、弱小的企业转化为联合、强大的企业联合体。实力强劲的企业获得了完成项目的合作伙伴，降低了企业运营的成本，实力较弱的企业找到了可以依赖的合作伙伴，在保证企业正常生产的同时在收益上也有了保障。各方各取所需，抱团取暖，共同的利益得到了有效保证，生产效率得到了极大的提高。

商业生态圈存在的另一个意义在于商业生态圈的存在改变了企业运营的方式。之前实力强的企业虽然可以通过自身努力完成一些大的项目，但需要投入巨大的资本，企业压力巨大，有了商业生态圈这个平台后，各合作伙伴会分担大部分的合作任务，有效降低了项目的投入成本，使企业能够轻装上阵，运作更多的项目，创造更多的价值。而实力稍弱的企业，放在传统的商业模式中生存更是艰难且被动的，自身无法运作大的项目，只能被动地等待上游企业分发的业务，生产没有规划没有保障，无法制定企业发展的远期目标，企业没有发展的方向，同时还要为了生存考虑各方面的需求。有了商业生态圈这一平台之后，企业只要把自己最擅长的业务做好就行了，背靠生态圈核心企业，业务不用再发愁，且收益也有了保障，企业可以安心生产，为生态圈贡献自己的力量，创造自己的价值。

商业生态圈的存在，让企业获得了全新的生产体验，专业的人来做专业的事，使生产效率大大提高，且由于商业生态圈整体负责与外部环境的交流，免去了圈内企业的后顾之忧，让各家企业可以安心生产，做好自己负责的事情，能够创造出更多的价值，真正实现了"1+1>2"。

第三节　商业联盟的巨大优势

商业联盟是商业生态圈模式下的一种典型形式，商业联盟的出现可以更有效地进行市场资源整合，降低营销成本，提高价值创造的能力。市场上的各家企业根据地域、行业、市场地位等要素的不同组成形式不同的商业联盟，诸如城市联盟、行业联盟、商家联盟、消费联盟等联盟形式将千千万万个企业或组织广泛地联系起来。通过联盟，各家企业实现了自己价值和收益的最大化，商家生产经营的成本被有效降低，市场份额得到快速拓展，消费者的购物成本也降低了。

商业联盟的出现使市场上的各参与要素实现了化零为整的转化，在市场上的话语权得到了加强。商业联盟中各成员单位以统一的形式把各家企业串联起来，形成一个整体，通过这一联盟体在市场中竞争，获取市场份额，创造价值。商业联盟的商业模式，能给企业带来巨大的竞争优势，具体体现在以下几个方面。

首先，商业联盟模式可以有效降低企业和商家的营销成本。在商业联盟模式下，联盟成员的产品一般都会采用联合营销的模式进行促销宣传，宣传费用由参与各方共担，这种情况下既能保证产品的曝光率，又能有效地降低促销成本，减轻商家运营压力的同时还促进了产品的销售。

其次，商业联盟模式下商家以联合体的形式面对市场，由于其内部各企业间优势与劣势的互相融合，导致企业优势能够得到最大限度的发挥，而自身的劣势则被其他企业的优势所掩盖，如此一来，反映到商业联盟的整体实力上则表现为商业联盟的实力大幅提升，竞争力提高，以联盟形式参与市场竞争具有相当的竞争力。

再次，零散的企业以联盟的形式整体进入市场的影响力是巨大的，在进行促销宣传的时候，联盟能够利用一次广告机会对联盟内企业产品和服务进行最大限度的宣传，而企业付出的代价只是原来宣传费用的几分之一、几十分之一，甚至更少。在宣传效果上，由于商业联盟自身的品牌已经获得了市场的认可，所以在联盟品牌基础上宣传企业的产品就会起到事半功倍的效果，更易获得消费者的认可和青睐。

最后，在商业联盟的基础上运营，有效降低了企业的运营成本，这样就能留出很大的利润空间来让利消费者，只有让消费者获得实实在在的实惠，才能获得消费者的认可和支持。

第四节 圈层商业的广阔前景

圈层商业是在互联网技术高度发展的基础上形成的一种全新的商业模式。圈层商业是一种更加人性化的商业运营模式，这种模式是随着社会和科技的进步逐步出现和成熟的，其商业逻辑更加符合人们的生活习惯以及人类的性格特征，使商品的营销更加具有针对性，销售成功的概率更高。这是一种全新的高效的商业模式，也未来商业营销的大趋势。以前工业化时代的定位营销已经无法满足现在企业的营销需求，在未来，圈层商业模式拥有着广阔的前景。

现代信息网络技术的发展，让人们的沟通更加便捷，人与人之间基于相同的兴趣爱好，会形成不同的圈子，每个人都身处不同的圈子当中，而每一个圈子都是潜在的消费群体，如果企业能够有效把握这些圈子的消费能力，对商品进行精准投放，那么交易成功率是极高的，可以有效提高企业的营销效率。消费圈子的形成，有效地改变了供需双方的市场地位，市场已经从传统工业时代的卖方市场转向了互联网时代的买方时代，作为企业，必须要时刻关注消费者的需求，生产制造出消费者满意的商品，只有这样才可能在激烈的市场竞争中占得一席之地。深耕圈层资源，有效把握圈层消费需求，企业会从中获取巨大的消费信息，根据这些信息改善自己的产品和服务，必然会获得消费者的认可，获得丰厚的回报。

把握住圈层的消费，你就获得了最基本的用户基础，有了这些用户基础存在，你的企业就有了在市场中站稳脚跟的资本，就有了进一步开拓市场的底气。维护好自己的用户基础，通过这些用户敏锐把握市场信息，不断改善自己的产品，使产品更加人性化，不断获取更多消费者的青睐，稳扎稳打，获取越来越多的市场份额。

圈层商业最大的特点就是导流性，一个圈层对一款产品满意之后，就会对这款产品产生巨大的导流作用，不断将产品引入更深的圈层当中，不断让产品接触更多的人，让更多的人接受产品，提高产品的知名度和销量。

圈层的形成对于企业最大的好处就是有着相同的价值观和兴趣爱好的一类人被整齐地放到了一起，企业可以根据这类人的切身需求研制出符合他们需要的产品，满足他们的需求，从而获取自己想要的价值。圈层商业，要求企业要有足够的耐心和诚心去服务自己的客户，圈层商业中的产品，不再是大规模工业化生产的产品，而是定制的个性化的商品，其产品蕴含的价值更高，受众群也更加明确。

圈层商业的出现，改变了企业的运营方式，企业必须要更加沉下心来分析消费者的需求，针对不同的人群研发不同风格的产品以满足不同客户群的消费需求。企业必须要根据目标消费者需求的变化及时对自己的产品进行更新换代，对客户反馈的产品问题进行及时的纠正，打造出完美极致的产品。企业在产品的研发和完善过程中还必须要估计客户的参与感，要让客户参与到产品的研发完善过程当中来，尽可能地满足消费者的需求，让消费者爱上你的产品，创造更大的价值。

圈层商业是互联网时代商业发展的必然结果，企业只有主动适应市场的变化，及时转变自己的经营理念，才有可能跟上时代的步伐，在互联网商业时代如鱼得水，不断让企业取得新的发展。

布局商业生态圈

第五节　社群经济的巨大市场

　　社群经济是互联网时代一种全新的经济模式，这种模式建立在人与人之间的沟通之上，通过先进的互联网技术，人与人之间的沟通越来越方便和频繁。敏锐的商家抓住这一机遇，与消费者形成互动，征询消费者对产品的意见，并以此作为不断改进产品的依据。在此过程中与消费者建立彼此信赖的关系，将用户转化为自己产品的粉丝，成为自己产品的基本用户，以此为基础，不断扩展自己产品的影响力，吸引更多的客户成为自己产品的粉丝，然后让自己的粉丝参与自己产品的研发、销售，成为产业链条中的一部分，促进产品的销售。想要更好地利用社群扩大企业产品的销售量，企业必须要深入了解社群，对社群的需求、社群经济的原则以及社群品牌的打造等要有一个详细的了解，这样才有可能有效利用社群扩大自己产品的销售量。

　　社群内部成员的需求包括五个大的方面，如果你能够尽可能地满足他们的需求，那么他们就有可能成为你的客户，甚至成为你产品的粉丝，为你的产品销售带来极大的帮助。这五大需求包括参与感、热度、利益、信息补充以及价值认可。参与感就是要让用户参与到你产品的设计过程当中来，要根据他们的建议和要求改进自己的产品，通过与用户的互动或者举办产品的粉丝会等方式达到满足客户参与感的目的；热度是指产品的功用要受到大多数用户的认可，要得到社群的认可，让你的产品成为一种现象级的存在，引领一个时期内的消费潮流，要让客户因为使用了你的产品而感到有归属感和自豪感；利益就是客户通过你的产品能实实在在地获得什么，产品一定要具备实用性、便捷性，要让客户通过你的产品满足自己在生活中某一方面的需求，获得自己想要的便利；信息补充是指客户对于产品功能和评价的反馈渠道，商家必须要设置客户反馈意见的通道，这样不仅能够获取第一手的产品体验信息，更为重要的是要将客户对产品的意见及时地表达出来，让客户获得安全感，认为你对他的服务一直在持续；价值认可则是指产品要满足客户自我实现的需求，让客户及自己的圈子认可产品的价值。

要凭借社群经济销售自己的产品，要把握以下四个原则。首先，社群要让用户自发来建立而不是企业自己去建。企业要考虑的问题就是如何以一种自然的方式进入社群。其次，不要急于求成，要循序渐进，目标可以有，但要逐步实现，太功利性地在社群内宣传你的产品极易引起社群成员的反感，对企业的产品造成负面的影响。再次，企业要带动社群的舆论，尽量将舆论向有利于企业产品的方向引导。最后，要与社群成员建立黏着关系，控制社群舆论的方向。

要凭借社群经济销售自己的产品，还要做好自己品牌建立的问题，要牢固树立自身品牌意识，同时还要着力打造自己产品的生态圈。打造自己的品牌，要从打造自己的产品开始，产品一开始是产品，但是随着知名度的提高，就会成为一个品牌。而品牌的打造离不开与客户的有效互动。在打造自己品牌生态圈的过程中，企业要逐步实现自己的目标。首先要精准找到自己客户所在的社群，根据客户特点打造满足客户需求的产品。然后着力营造产品为客户带来舒适的产品体验，且通过场景再现的方式让客户切身体验到这种感受。通过与客户的不断交流，将产品与客户之间的距离无限拉近，将客户转化为自己产品的粉丝，最后通过核心产品开发更多的衍生产品，打开市场的销路。

第六章
商业生态的大数据支撑

商业生态圈的发展离不开大数据的支撑。大数据是随着互联网商业的发展而出现的新的商业要素，大数据给企业带来了巨大的信息流量。通过大数据企业可以获得有价值的市场信息，为自己企业的发展指明方向。大数据让商业生态更加智慧，经营更加有针对性，有效提高了企业的经营业绩，改变了商业的整体面貌。

布局商业生态圈

第一节 认识大数据

大数据指我们在日常生活和商业经营等活动中产生的一些数据，通过互联网技术得以聚集而产生的一种数据综合，这些看似平常的数据通过云计算等计算机技术的处理会对各个行业的发展趋势和动向的蛛丝马迹进行分析预测，最终通过科学的分析整理给出可信度极高的商业信息，帮助企业更好地进行战略决策和生产经营。随着商业竞争日益激烈，每一丝商业信息都有可能成为企业在竞争中取得胜利的决定性因素。所以在今天，大数据已经成为企业间争夺的核心资源，其具有巨大的商业价值。

大数据不但能够帮助企业在竞争中获得胜利，具体到其本身也是极具商业价值的优良资产。一家企业在估值的时候，其本身拥有的数据都会作为企业资产被计算在内。大数据是企业的核心资产，但要成为对企业有帮助的资产，更为关键的是要对大数据进行加工。不善于对数据进行加工的企业就好像捧着金饭碗乞讨一样，是让人惋惜和痛心的。

对于大数据的应用，不同的企业有着不同的处理，处理方式的不同也决定了企业不同的发展方向。有的企业手里掌握着海量的大数据，但是它们并不能正确认识到大数据的重要性，大数据在它们手中如垃圾一般的存在，就好像我们上面说的捧着金饭碗乞讨的人一样，这样的企业市场敏感度是迟钝的，典型代表就是一些传统企业，虽然它们手里有着让人羡慕的各种资源，可惜在它们手中只有蒙尘的命运。

另一种企业虽然手中没有数据，但是它们敏锐地意识到了大数据对于企业发展的重要性，他们会想方设法去获取这些数据，或通过与人合作，或通过利益交换，然后利用得来的大数据进行科学处理，让其转化为价值，如市场上的IT咨询和服务企业都属于这类型的企业。

最后一种就是既有数据又懂得利用的企业，这种企业因为其先天的优势和后天的努力，在发展上速度快，质量高，规模大，成为行业内领先的企业。

大数据思维，已经成为企业中极具价值的一种思维。拥有大数据思维的人，能够将大数据转化为实际利益，将企业潜在的价值变为实际的价值，这种人才在市场上是十分抢手的。而大数据也成为财富的风向标，凡是大数据尚未涉足的领域，都有可能成为财富的聚集地。

在今后的社会生活中，大数据将在各个方面发挥重要作用，在未来的生活中，大数据将成为政府对经济进行调控、预测各种意外事件的重要依据。大数据的应用，会使我们的城市更加智能化、人性化，在诸如医疗、航空等领域大数据都有着广阔的发展空间。而大数据在企业中的作用更是立竿见影，大数据让企业的经营更有针对性，经营效率更高，创造的财富更多。

第二节　大数据的发展趋势

随着互联网技术的不断发展，大数据的发展已经越来越成熟，在可预见的将来，大数据有着广阔的发展前景。根据目前大数据的发展状况，在未来大数据有以下几种发展趋势。

第一，大数据的资源化。也就是说，以后大数据将成为企业经营的重要战略资源，大数据将决定企业的决策制定和经营状况。今后企业在发展过程中必须要重视大数据显示出的各种市场体征，根据大数据显示的结果及时调整自己的经营策略，确保企业政策的制定和生产经营跟上市场变化的节奏，抢占市场先机，获取市场份额。

第二，大数据必然会与云计算深度结合。云计算的出现使大数据的产生和分析效率呈几何倍数提高，有了云计算做支撑，大数据得出的结论将更加及时、更加精确，为企业的经营提供更大的帮助。

第三，大数据将催生新的科学技术的出现。从影响力和对现实的影响而言，大数据已经成为时代发展的重要推动力，与之相关的各种科学技术都获得了长足的发展，以大数据为核心的科学计算理论体系已经初步形成，在未来必然会取得更大的发展。

第四，大数据在现实中发挥越来越重要的作用，对企业以及其他社会部门的工作产生越来越重要的积极影响，必然会加大市场对于大数据业务服务的需求量。在这种发展趋势下，除了与之相关的学科越来越完善之外，与之相关的专业人才也会被源源不断地培养出来，而社会上相关的新的就业岗位也会出现，为大数据的发展创造条件。

第五，大数据的广泛应用给商业经营和社会生活带来了极大的便利和好处，但是与之相伴的关于大数据信息泄露的犯罪事件也呈上升趋势。要遏制这种让人担心的趋势的发展，必须从数据的源头提升安全防护的力度，降低数据泄露的风险，维护自身和客户的合法权益。

第六，大数据日益成为企业竞争的核心竞争力，谁掌握了大数据，谁就在市场争夺中抢占了先机，获得了竞争中的优势。另外，大数据提供的信息能有效提升企业的管理效率和生产经营效率，为企业提高管理效率，做出科学决策提供有力的保障。

第七，大数据的应用会有效提升企业在竞争中取胜的概率，大数据信息的提取将更加高效，在以后的商战中，也许一丝信息，通过大数据分析，就能成为企业制胜的关键。

第八，大数据分析将从碎片化存在向生态化、系统化发展。在这一系统内，碎片式的看似毫不相关的信息一旦得到有效的分析和联系，就能转化为有效的信息反馈给企业。这一生态系统包括终端设备提供者、基础设施提供者、网络服务提供者、网络接入提供者、数据服务提供者、数据分析提供者等一系列参与者通力合作，最终实现大数据的采集、分析、输出等工作，构成一个完整的产业链。

第三节　大数据让生态圈更智慧

大数据就像指南针，在茫茫市场大海中为企业生态圈的发展指引着方向。有了大数据的支持，就好似给生态圈装上了大脑，生态圈将更加智慧，在市场中发挥更加重要的作用，让企业披荆斩棘，一往无前。

大数据对于企业发展代表着许多，就好像我们玩游戏开外挂一样，有了大数据的支持，我们的企业就好像开挂一样，获得了许多企业不知道的信息，这些信息将帮助我们在市场竞争中占得先机。通过大数据，我们可以知道哪些商品在市场中最受欢迎；我们可以知道哪些区域人流最旺盛，最适宜开店；我们可以知道哪些城市经济发展迅猛，适合公司的发展；我们可以知道与哪些人最容易达成交易，节省我们寻找客户的成本。有了大数据的支持，企业在决策的时候将更加科学，生产出的产品容易让客户接受，能够把合适的商品及时送到需要它的客户的手中。企业的利润也将得到增长。

大数据是根据巨大的样本调查，科学的计算以及理性的分析才得出的权威的行业数据，借助于大数据分析的结果，我们就可以正确判断市场形势，做出对企业最有利的决策。把行业不同的数据联系起来，从宏观上来分析，我们就可以看到整个行业的走势以及未来的发展方向，一旦清楚了这些，企业在决策的时候就可以顺势而为，根据市场的发展形势制定企业正确的发展方向。而有了大数据的支持，生态圈在运转的时候会更加智能化，更加有效地分配圈内企业的任务，让工作效率得到提高。有了大数据的支持，传统行业会发生质的变化，原本死气沉沉的传统行业随着大数据的加入，运行更加合理，布局更加科学，最终会焕发新的生机，创造出新的价值。

要收集行业大数据，行业内各家企业就需要将自己的相关数据进行一定程度的公开。而这个时候问题就来了，数据信息的公开会不会导致商业机密的泄露？如何才能在获取大数据的同时保护好自己的商业机密不被泄露呢？面对这样的问题，我们的企业在进行数据库搭建的过程中就要有意识地对自己的商业机密进行保护。在信息数据采集的时候，对于数据采集商的动机以及方法，企业一定要做到知情，明白对方在采集哪些信息，如何采集这些信息，这些信息的采集对自己的企业有什么影响和好处，只有确认对方的信息采集是对自己无害的，且信息库搭建完成后会对自己的企业发展有好处，才可以允许对方进行数据的收集。在信息的采集过程中，商家还需要注意对自己核心商业机密的保护，不便对外公开的信息要坚决杜绝对方的采集。同时企业要善于利用这些大数据，在对方大数据采集完成后，要善于根据大数据分析自身以及行业的大数据情况，根据大数据显示的信息制定企业的发展战略和方向。在生态圈中，因为大数据分析的加入，生态圈能够更准确地分析市场走向，弄清楚自身在市场竞争中的优缺点，更好地为圈内各企业的发展提供指导和方向。

第四节　大数据与信用生态圈

有许多问题，我们只有跳出圈子以外，站在一个更高的层面才能看清事件的整个面貌，看透其表象之外蕴含的本质。具体到生态圈的发展，我们只有站在融合、共生、变革的战略高度，才能看透生态圈发展的关键。而要想站到这一战略高度，我们需要通过大数据分析来总览整个行业的发展动向，解答行业发展的奥秘。

生态圈要想健康发展，其安全是不容忽视的问题，而信用安全又是安全问题的重中之重。信用生态圈是由四个不同的维度构成的，每一个用户是信用生态圈最基本的维度，而用户与用户之间通过一定的业务往来构成了信用生态圈的第二个维度。而用户与用户之间的信用需要一个信用产业链来保障，这就构成了信用生态的三维关系，当我们跳出它们之间的关系站在一个更高的维度来审视它们之间关系的时候，一个思维的信用生态就构成了。

在这个思维的信用生态圈内，客户与客户之间的交易是经常要发生的，而这些交易需要一个信用机构来确保双方信用的遵守，在具体的市场中他们的身份一般是资金使用方即相关企业或个人，资金提供方即金融机构，还有就是信用保证方，就是市场中的评级机构，资金提供方根据资金使用方的信用评级来决定是否要为对方提供资金。而评级机构在对一家企业或个人进行评级的时候需要收集大量的数据进行科学的分析，最终对对方的信用情况做出准确的判断，为资金提供方做出正确的决定提供参考。一家优秀的评级机构可以准确判断出对方的信用情况，对对方的市场前景做出准确的预判，而做出这些判断的基础就是这家企业过往经营以及所处行业目前的走势等大数据指标。

而信用生态圈是在上述三维信用关系基础上建立起来的四维信用生态。在信用生态圈内以大数据为依据，对各相关企业进行信用评级，建立各种风险模型。然后圈内资金提供方对相关产业项目进行投资，促进新的行业发展。一个信用生态圈的建立，需要大量市场数据的支撑，只有在这些市场真实数据的支撑下才能保证市场评级的真实性与可靠性。

信用生态圈是一个动态的信息评价系统，需要随着大数据的更新不断进行更新换代。需要多方合作，资源整合与信息共享才能实现信用评级系统的搭建，从而为圈内企业提供准确的、可信赖的信用信息，满足行业发展的需求，从而做到让圈内的每家企业共生共赢。

信用生态圈，最基本应用就是资金提供方为了确保自身资金安全，需要对资金使用方的盈利能力进行调查，以确保自己投资的安全，在这一过程中资金提供方可以根据自己掌握的数据对对方进行信用评级，同时也可以委托市场中的第三方评估机构对对方进行信用评级，以此来判断是否要给予对方投资。当然不管是谁来做信用评级，都需要建立在翔实的大数据基础之上。

信用生态圈第二层面的应用是指评级机构之间以及数据提供商之间的数据共享。通过数据共享，大数据计算技术更加扎实，数据资源更加集中，反映的情况更加接近于现实。评级机构之间的交流，能够有效提升评级模型的准确度，不断提升和完善模型，使评级模型适应不断高速发展的业务需求。

信用生态圈第三层面的应用就是所有市场角色在一起共生共存。在这一层面，用户基于市场开发和产品研发的需要，不断提出市场分析需求，而评级机构随着用户需求的不断提升而不断加强自己的评估能力，双方形成一个良性循环的促进关系，而随着评估能力的不断提升，许多新的潜在客户又被开发出来，以此螺旋上升，双方进入一种彼此促进的境界中，最终实现共存共赢。

第五节　如何将大数据"变现"是关键

大数据研究的关键，是要将大数据转化为对企业有用的信息，最后将之转化为实实在在的利益。在现有的商业模式中，大数据变现一般通过三种方式来实现：一是围绕大数据资源构建企业的生态圈来实现价值的最大化；二是通过对原有产业的改造来实现大数据价值的最大化；三是单纯地进行数据提供服务，通过向服务对象收取费用的方式实现大数据的变现。

企业在经营过程中，会有大量的经营数据产生，随着互联网技术的进步，电子商务崛起，大量的电子购物记录数据产生，而这些都成为诸如天猫、京东、当当等电商的重要核心资产。围绕这些大数据资源，电商纷纷构建属于自己的商业生态圈，如阿里巴巴通过淘宝天猫购物网站获取的消费大数据，建立起阿里旅行、高德导航等衍生企业，然后再通过这些企业深耕至汽车保险、汽车销售等相关业务，在大数据的支持下，将自己的商业版图不断扩展，最终实现科学的布局，生态化经营，实现了利益的最大化，大数据成功转变为实实在在的经济利益。这就是企业围绕大数据构建企业生态圈来实现大数据变现的方法。

大数据作为一个商业概念被提出，让一些商业敏感度高的人发现了其中蕴含的巨大商机，有的企业围绕大数据资源构建自己的商业生态圈实现大数据的变现，有的企业则根据大数据改变自己的经营形式，实现企业自身的转型升级，虽然主营业务没有变化，因为加入了大数据的支持后，企业的经营发生了翻天覆地的变化。企业经营业绩实现了巨大的增长，以这种方式，企业实现了大数据的变现。

还有一些企业，手中掌握大量数据资源，但是由于没有实体，无法通过转换经营的方式实现数据的变现，这时它们就通过对数据的深加工出售大数据加工后的市场信息，需要市场信息的企业就会付费向它们购买这些数据，这种方式也让企业手中的数据资源实现了变现。

虽然变现的途径和方法不同，但它们都实现了大数据潜在收益的现实化，让商家通过大数据获得了实实在在的利益。通过将大数据变现实现了大数据整个产业链的闭合，大数据的价值得到了充分的体现。

第七章
经典商业生态圈案例分析

商业生态圈已经席卷整个商业,成为当下炙手可热的商业模式。敏感度极高的企业进入整个业界的前列,一大批优秀的企业在商业生态圈经营模式下快速发展,迅速成长,成为引领时代发展的精英。通过学习这些优秀企业在商业生态圈上成功的操作经验,会为我们自己企业的经营提供借鉴。

第一节　小米手机的商业生态

小米公司于2010年4月正式成立，虽然发展到现在仅仅只有几年的时间，但是却取得了瞩目的成绩。小米的成功可谓是非常迅速，在短短几年的时间内就成为了估值2700亿元的企业。其成功的原因，主要在于小米手机良好的商业生态。

伴随着经济的快速发展，商业世界也在发生着天翻地覆的变化，逐渐走上了生态化的道路。各个企业之间的商业竞争模式也发生改变，逐渐从企业内部的核心竞争力转向商业生态战。在这种发展状况下，企业之间不再单纯地依靠自己的实力去谋求发展的道路，而是谁能够在生态战中展现出非凡的组织能力，谁就能够更好地处于长足发展的地位，相反则很容易被淘汰出生态圈。

由此可知，一个企业如果想持续发展，不被生态产业链所淘汰，就必须要依靠生态网络。而依靠生态网络的办法只有两种：一种就是以自己为中心构建起属于自己的生态网络；另一种就是选择一个高效的生态产业链，然后将自己融入进去，在产业链中创造价值并且获得相应的价值。然而小米的成功，又是在商业生态战中怎样取得的呢？

从小米公司公开的数据中我们可知，在2010年小米公司刚成立的时候，注册资金为100万元。其中雷军出资90万元，占据大部分的比例，其余的10万元则是黎万强所出。2010年5月，小米迎来了新的投资人，谷歌原高级产品经理洪峰，这时小米的资本结构就发生了变化，其中雷军79.4万元、黎万强10.33万元、洪峰10.27万元。等到2010年7月，小米的注册资金大幅度上涨，上升到了2637.5万元，其中雷军出资2457.66万元，洪峰上升到169.51万元，黎万强则保持原来的数据没有变动，仍旧是10.33万元。之后几年的时间内，小米的估值迅猛增长。2010年7月，小米完成了A轮融资，共筹集到了4100万美元的资金，小米市场估值为2.5亿美元。2011年年底，小米公司完成了B轮融资，融资金额达到了9000万美元，这时小米市场估值上升到了10亿美元。之后又经过扩大经营规模和融资，小米公司一直处于快速发展的过程中。2014年12月，小米公司完成了第五轮融资。在这次融资中，小米获得了11亿美元的融资，市场估值也达到了450亿美元，已经赶超了著名的Uber。这次融资使得小米成为全球估值最高的未上市公司，成为世界瞩目的焦点公司。

小米公司从刚成立时的2.5亿美元发展到如今的450亿美元，其发展的速度十分惊人，几乎以每年四倍的速度复合增长，简直创造出了一个商业奇迹。

小米的成功除了引起了同行业企业高度关注之外，更吸引了很多专业分析人士的目光。它们对小米公司的经营模式进行了非常深入的剖析，最终明白，小米之所以会取得如此傲人的成绩，主要是由于小米公司围绕"小米手机+MIUI+电商"所打造的智能生态系统。

在最初创立小米公司的时候，雷军曾经在公开场合表示，自己的理想就是将小米做成一家百亿美元的公司，到目前为止，他已经完成了百亿美元的目标，并且朝着更加远大的目标迈进。在创立之初，小米给自己的定位是仅仅围绕"硬件+软件+服务"进行发展，从这个定位也可以看出，小米公司发展的目标是将自己打造成一家软硬结合的平台型公司，其主要的参照对象就是三星电子和苹果公司。

随着互联网的不断发展，很多企业都开始进行生态化的布局，腾讯借助微信的力量实现了迅猛的发展。阿里巴巴也迅速成为一家超千亿美元的公司，面对这种发展情形，小米公司也顺势抓住了发展机遇，开始在智能生态领域进行布局。

2014年，小米拓宽了自己的投资领域，先后在凡客诚品、积木盒子、优酷土豆、美的等企业进行投资。并且在进行投资之前，小米公司就已经通过自身的天使投资和旗下的小米风投、顺为基金，在多个领域进行投资，其涉及的范围非常广泛，包括移动安全、新媒体、电商、手游、影视市场等。从这些投资行为中可以看出，雷军的目标绝不仅仅是最初百亿美元公司，而是要向阿里巴巴和腾讯这样的行业巨头看齐，逐渐成长为行业中领先的佼佼者。

对于行业巨头的经营策略，雷军总能借鉴到宝贵的经验，例如阿里巴巴上市，就给他带来了极大的启示。一个企业要想成功发展，占据一个超级大的市场份额，就应该找靠谱的人合作，合理、谨慎地规划如何花钱。这几点都能从小米公司的发展中得到验证。小米公司在不同的领域进行投资，致力于建设100家硬件企业以及50家类小米企业，这一企业目标充分地展示出小米想要成为超级大市场的决心与信心。在合作伙伴的选择上，雷军自己做天使投资人只招熟人，同时还组建小米科技创业团队，这正是找靠谱的人合作的表现。而在花钱方面，雷军也非常谨慎，尽管小米公司现在已经在融资中创造了非常高的市场估值，但他自己所占的控股比例基本上没有发生变化。小米公司除了融资以外，还向银行贷款，使资金不断地流动起来，持续满足企业发展的需要。

从小米公司的发展来看，它在一定程度上不断地学习腾讯和阿里巴巴的商业生态建设，但是它又有自己独特的建设策略。腾讯的生态系统主要是从社交平台逐渐走向生活一体化，阿里巴巴的生态系统是从购物平台走向生活一体化,而小米的生态系统则是从系统级别整合"硬件+软件+云存储"的用户生活一体化。三者进行比较,小米公司的特点就比较显著,它构建的生态系统更接近商业和生态闭环。如果小米的生态系统最终能够成为一条通路,那它将具有极为重要的意义,给互联网公司和独立于系统之外的中型硬件企业带来非常深远的影响。对于新的创业公司来说,它们会鉴于小米的发展,重新给自己的企业定位,不断朝着更加正确的方向发展。

随着移动互联网的高速发展,一些互联网巨头开始将业务拓展到更加广泛的领域,这使很多中型企业受到了极大的冲击,包括传统手机企业、传统家电行业等,他们的处境越来越艰难。要想生存下去,就必须要重新找到符合自己发展的新道路。尽管中型企业已经陷入困境当中,但是相对于初创企业来说,中型企业还占据一定的优势,毕竟发展多年,具有一定的发展基础,在市场上也有一定的用户基础和地位,这些都是优越于初创企业的。因此在小米生态系统的影响下,初创企业的未来发展更让人担忧。

从生态系统建设方面来看,小米公司并不是特别完善。通常情况下,与手机和小米生态结合度比较高的产品都是小米亲自做的,只有一些硬件产品会寻求合作伙伴,并且对合作者的要求也非常高,通常在合作中会带有一些排他性的协议。在小米成立之初,雷军就表明,要投资100家硬件企业,由此可见,在未来的硬件企业市场上,各个硬件初创企业必定会与小米硬件产品线的布局产生一定的交集,那时初创企业就会面临何去何从的选择。它们一是可以选择加入小米构建的生态系统,成为其中的一员,然后制作一些低利润的爆款产品;二是可以选择被小米OEM;三是被小米入股和授权的同领域的竞争对手冲击市场,最后被市场淘汰。

对于初创企业来说,它们在发展的初期缺乏有效的市场推广和销售渠道，它们经营的主要是单款利润高的产品，如果以这种模式与小米相对抗，很难有成功的机会，因为小米生态系统的模式为低利润、高出货。这种情况下，小米要想保持很高的估值，就会在合作模式上有所作为，即可能采用资本趋利性和简单粗暴的合作模式。这个时候，初创公司该如何寻求自己的发展出路呢？人们应该从很多事例中得到教训，初创企业不太适合市场门槛低、短期利润比较高的行业，而是应该将更多的目光投向细分市场，虽然有一定的门槛，但是在突破之后，发展前景仍旧非常广阔。

第二节　顺丰的物流商业生态

顺丰快递作为知名快递企业，近几年来不断提升自己的服务水平，提高企业的管理效率，创新企业的经营理念，取得了突飞猛进的发展，在快递行业中俨然已经处于领头羊的地位。面对公司良好的发展形势，顺丰快递决策层并没有自我陶醉、自我满足，他们以更加远大的眼光审视企业的发展，在做好本职行业的基础上，不断锐意进取，求新求变，寻求新的市场机遇。

为了让企业获得更大的发展，顺丰快递以快递业为主业，根据自身特点积极营造自身企业生态圈，顺丰快递企业决策层将企业产业延伸的目光对准了电商行业。电商企业随着自身实力的发展，物流瓶颈是一个过不去的坎，所以上规模的电商企业都会积极发展自身的物流体系，以求提高物流速度，降低物流成本，提升客户体验，增加销售业绩。而顺丰则反其道而行，自身有着便捷的物流资源，将发展的方向投向电商市场已经是水到渠成的事情。

顺丰通过多年的深耕发展，在全国各地构建了将近1.2万个快递网点，这些网点就成为顺丰构建自己商业生态的基础，在快递网点的基础上，顺丰快递首先开设了嘿店。这是一种建立在计算机技术和物流基础之上的全新的商业模式。嘿店最大的特点就是店内没有实物，没有库存，嘿店依靠先进的计算机技术，便捷的物流配送能力，吸引顾客消费，这一模式有效节约了成本，提高了顺丰自有资源的利用效率。顾客只需要在嘿店中通过电脑选中自己想要的商品，顺丰快递就会在最短的时间内安排配送，以高效的服务为顾客带来便捷。

在顺丰嘿店的基础上，顺丰在线上开设了顺丰优选，实现了线上与线下购物的有机结合，2015年，顺丰根据商业实践的经验，将顺丰嘿店与顺丰优选统一合并为顺丰商业，统一运营顺丰电商的销售与配送业务。

在开拓电商市场的同时，顺丰还布局了顺丰金融，利用自身掌握的巨大的资金资源，在金融领域顺丰也获得了自己的一席之地。

这一切的基础就是顺丰打造多年的快递业务。为了做好快递，顺丰对市场进行准确研判，根据消费者的消费心理与消费需求，制定了有别于其他快递的运营策略。给消费者的贴身体验就是：虽然顺丰运费比其他快递略高，但是顺丰速度就是快。顺丰快递给客户的体验就是快、踏实、效率高。而这就是顺丰构建自己商业生态的最大优势和资本。

因为自己的速度优势，顺丰在自己的电商中将生鲜纳入了销售范围，而其他电商进入这一领域的时候已经是很久以后的事情了。自己的物流，自己的配送系统，顺丰做到了全冷链配送，而如果电商要外租这些业务，那花费则是巨大的。而顺丰这样做则使自己的价值实现了最大化。

利用顺丰物流完备的物流体系，顺丰从电商、金融等领域入手，迅速构建自己的商业生态圈，在商业生态圈内实现自身商业价值的最大化，创造了巨大的效益。实现了产业体系的转型升级，从一个单一的物流企业转化为多领域经营、多元化协作的有机商业体系，实现了企业实力质的飞跃，使企业永葆发展生机。

另外，顺丰在开拓其他业务的同时，并没有放松对自己主营业务的发展，顺丰物流依靠强大的互联网技术，使自己的物流更加智慧化，依托自己在全国各地的仓库网络，提升自己的仓配效率，专门成立了顺丰仓配来负责物流的运输配送业务，提高了顺丰物流的配送效率，以此带动生态圈内各领域的共同发展。

今天的顺丰，已经不再是几年前的那个快递公司，在快递行业顺丰已经做到最好，快递这个行业已经远远无法满足顺丰施展自己的抱负，今天的顺丰，已经成为集顺丰物流＋顺丰商业＋顺丰金融于一体的综合性商业帝国。内部各环节有效配合，效率极大提高，价值无限扩大，实现了线上线下有机互动，速度与效率有机结合，企业资产高效利用的良性循环，实现了企业的自我升级与脱胎换骨。一个全新的商业生态体系展现在了世人的面前，并且将对我们的生活带来深远的影响。

第三节　万科的房地产商业生态

万科公司自成立以来，经过二十几年的发展已经成为国内最大的住宅开发企业。2013年10月29日，万科公司将入股徽商银行的计划向媒体公布出来，并且表示要拿出超过30亿港币的资金来认购徽商银行的8.83986亿股。从这则消息可以得知，一旦徽商银行上市，万科将成为最大的股东和受益者。在这之前，万科在社会中的身份总是房地产行业的老大，经过这一消息的公布，极大地弥补了万科公司在银行领域投资的空白，并且引起了社会各界的广泛关注。

万科公司的这一举动可以说是一次重要的跨越，突破了房地产商业生态，跨界开辟了新的发展道路。很多人对万科的这一做法并不是非常认可，那么万科的初衷到底是什么呢？事实上，万科只是想开辟新的业务领域，实现对企业社区金融业务服务的定位。从发展战略方面来看，万科是典型的房地产企业，而徽商银行还是一家没有发展起来的银行，如果万科对其进行控股，一定能够在很多方面取得不小的成绩。

首先，从投资多元化方面来看，万科可以借助这次机会拥有更多的投资选择，使投资更加多元化发展，逐渐由房地产行业发展到民营银行。在民营银行中，民营资本可以实现自主的法人治理和机构设置，在这两方面，万科公司具有非常明显的特色，所以它同一些抢滩民营银行的民营资本有很大的不同，万科对社区银行的控股主要是通过采用增资入股的方式来实现的,这种方式对企业实现既定的战略目标更加有帮助。不仅如此,万科在控股徽商银行以后,借助这个平台为企业提供了更多的投资选择。

其次,在跨界突破方面,通过这次控股万科把房地产和银行紧密地联系起来,社区银行向用户提供传统的银行服务,然后在业务方面进一步拓展,能够满足不同类型的用户的需求,服务更加安全,其便捷性也越来越强。作为房地产企业,房地产业务构建的社区化氛围为社区银行的运作提供了极大的机遇,并且以一种非常合理的方式将社区银行金融业务引入进来。这种做法具有诸多好处,不仅使社区的金融服务更加完善,同时也给用户带来极大的便利。假如在居住的小区中如果有一家银行,可以为用户提供各种类型的业务办理,那么用户就不必再去更远的地方办理,使生活更加便利化。

最后,在企业资金和授信业务方面,万科也将获得较大的效益。因为徽商银行具有自己独特的发展优势,万科对徽商银行进行控股操作,可以在很大程度上节约经营成本。另外,在万科的引导下,如果人们可以将自己的资金都存入到社区银行中,这不仅可以给万科的顾客带来极大的便利性,同时还能增加徽商银行的发展机遇,也能将社区银行的个人零售业务带动起来。零售业务帮助万科获得了社区的天然渠道,同时也能够让万科利用在社区银行的优先使用权等。社区银行很好地在万科各种金融市场业务中应用起来,使得万科在金融市场中的竞争力更加强大,与徽商银行共同取得良好的发展前景。

万科作为房地产企业,为了给自己开拓新的业务领域,跨界进入到徽商银行进行控股,用户们逐渐将储蓄从银行转向社区银行,这对银行业是否会产生一定的影响呢?

万科之所以会跨界进入到金融行业,主要是出于财务投资需要和企业的定位,对银行控股就是一个重要的战略决策。而如今,银行业的发展也充满了令人担忧的因素。在互联网浪潮的不断冲击下，银行作为金融机构时刻面临着严重的冲击，甚至很难向前继续发展。在这种情势下，万科跨界进入到金融业，似乎对银行并没有太大的影响，反而会因为新事物的进入而激发出新的生命活力。

然而搜集近些年来的数据可以发现，互联网时代的利率市场化，给传统的银行造成了非常大的打击，致使银行之前的排他性优势逐渐消失，面对这种情形，很多中小型银行都面临着破产。反观徽商银行，它的发展态势可谓是非常迅猛，净利润一直处于大幅度增长的状态，年复合增长率也不断刷新纪录，成为传统银行比较强劲的竞争对手。

徽商银行的发展对控股的万科来说是一个非常大的收获。从万科2012年年报数据分析可以看出，它的平均资产回报率达到了19.66%，取得的成绩仅仅略低于徽商银行。这种发展形势对银行的整体发展影响还是颇大的，利率市场化会导致银行利差的缩减，大大地提高了付息成本，缩小了利润空间，这样一来，银行的成本就会提高很多，收入减少，进入到一个非常危险的境地中。

在过去的发展环境下，传统银行的获利方式比较容易，发展到现在，银行获利的方式虽然没有变化，仍旧是通过贷款利率下限和存款利率上限形成的息差，但是这个盈利模式存在很大的风险。如果这种模式被打破，银行业将会引发非常激烈的资产竞争，这对银行造成的危险是不可预知的。因此，在面对一些大型的企业时，银行的议价能力将会大大降低，储蓄利息也会被迫向上调整。在市场竞争中，银行的外部竞争力已经非常弱势，能够展示出来的只有内部竞争和活力。在银行发展低迷的时期，万科跨界涉足银行业，其根本的目的并不是要打击银行业，而是要利用银行的优势资源满足自身的转型需要，最终实现自己的战略目标。

万科之所以会跨界银行业寻求新的发展，一方面是因为想要利用银行的优势资源，另一方面是因为房地产行业已经呈现出一种疲累的态势。近几年来，相关研究表明，中国的楼市很可能会告别增量市场，进入到存量市场的状态中。这就表明，房地产行业在未来的发展中将会到达一个瓶颈期，甚至是一个巨大的转折，之后可能会转向下行的状态。为了削减房地产行业发展中出现的无力状态，万科选择跨界银行，但是银行也已经从走出暴利时代，那么万科这样的选择能够获得怎样的好处呢？

　　作为房地产行业的大佬，万科选择银行一定有自己的战略思考，它看好的发展趋势也一定具有非常好的参考价值。关于涉足银行生态系统，万科总裁郁亮曾经做出过这样的说明：他表示万科控股徽商银行最主要的目的就是打造万科社区的生态服务系统。但是这种社区生态服务的根本目的还是为房地产行业提供服务，对银行的控股只是想更好地实现众多的住宅服务，因为对于万科公司来说，住宅开发仍然是其主营业务和利润增长点，这是作为房地产行业始终不变的终极目标。万科在传统房地产业务的基础上，增加了各类金融业务，其主要的目的就是盘活社区用户和数据资源，为房地产提供增值服务，使众多的用户感到万科的贴心服务，从而提高房地产销售的业绩。

第四节　腾讯的社交生态圈

随着 4G 时代的到来以及移动通信设备的普及，移动社交用户数量也随之不断地快速增长。作为社交领域的巨头，腾讯的社交网络发展经历了一段非常典型的历程：在 PC 时代，腾讯抓住核心点，让用户拥有良好的体验；到了 SNS 社交网络时代，腾讯在庞大的用户群中建立联系，并且提供优质的服务；之后，腾讯公司又推出了 QQ 和微信移动客户端，这两个产品相互结合，全面拥抱了移动互联网。而如今，面对移动互联网的浪潮，腾讯又该怎样构建自己的社交生态圈呢？其主要的方法体现在以下四个方面：

首先，就是发展主营产品，向多方面延伸。随着移动互联网的不断发展，人们的生活中涌现出越来越多的社交产品，它们极大地改变了人们的社交行为和生活习惯，同时也促使人们对社交产品不断提出更高的要求，渴望使用更加便利化、人性化的产品。这种情形对于腾讯来说，不仅仅是发展过程中的挑战，更是一次发展的新机遇。如今腾讯形成了手机 QQ 与微信相辅相成的发展格局。在功能上，这两款产品既有重合的地方，也有各自不同的分工。

从本质上来看，作为社交工具，QQ 和微信有着共同的建立基础，那就是熟悉的人际关系，如果将腾讯网络比喻成自然生态系统，那么 QQ 和微信就好像是生态圈中的水和空气，人与人之间的关系会在这个基础上建立起来，产品的用户可以通过好友认识到好友的好友，逐渐认识更多的人，社交网络更庞大，积攒的用户也越来越多。

通过对 QQ 用户的数据调查显示，2014 年 4 月 11 日晚上 9 时 11 分，QQ 用户同时在线的人数就已经高达 2 亿，这是一个相当规模的数据。并且在庞大的用户群体中，有一半的人是通过移动客户端登录的。这个数据展示出来的，不仅仅是 QQ 庞大的用户群体，同时也是 QQ 从 PC 端向移动端成功转变的标志。在这次变革中，QQ 取得了极大的成功，同时也为微信的顺利运营奠定了非常坚实的基础。有数据显示，很多微信用户都是通过 QQ 的关系链导入进来的，还有一大部分用户是通过手机通讯录而完成微信关系建立的。

在社交网络中，腾讯作为翘楚发展多年，已经积累起非常丰富的经验，即使开始转向移动互联网发展，也具有相当大的发展优势。在移动社交网络中，用户使用最成功的两款产品就是手机 QQ 和微信，二者在发展模式上也有很大的不同，具体来看，一个以守为主，另一个则以攻为主。手机 QQ 发展多年，已经拥有了非常大的用户规模，它可以采用守的发展模式，依靠规模红利不断地发展。相对来说，微信是一个比较新兴的产品，有着非常迅猛的发展之势，只要在发展过程中，微信能够找到合适的突破口，它就可以展开猛烈的攻势，实现创新发展，最终成为移动互联网时代的领军产品。

手机 QQ 的发展运营可以说是非常成功的，它使得腾讯在由 PC 端用户向移动社交平台转变的过程中，对用户的规模更加重视，同时也极为看重信息的传输速率，以便更快地占领市场优势地位。由此可见，腾讯如果只是凭借手机 QQ 和微信两大主营发展，已经很难满足公司的发展需求，只有向多方面发展延伸，才能满足其多元化的发展需求，使社交网络的规模越来越大。

移动互联网的发展促使同行业竞争格外激烈，在与微博同质化市场卡位战中，腾讯为了防止新浪微博抢占大量的QQ用户，于是又推出了一款新的产品，即腾讯微博。其无论在类型、内容、制作手段上都与微博非常相似。腾讯QQ庞大的用户群体与新浪微博势均力敌，腾讯微博也具有非常完备的功能，尽管如此，腾讯微博还是没有超越新浪微博，关注度不够高，影响力也不够大。针对这种情况，腾讯公司总结自己的不足之处，在内部进行资源整合。2014年7月，腾讯首先将微博事业部与新闻团队进行整合，这样一来，整体社交资讯服务功能就更加强化，注重发布一些用户比较关注的资讯，不仅吸引了更多的用户，同时也体现出腾讯对于用户主体性的尊重。

经过内部资源的整合，腾讯逐渐将视角转移到微视业务领域，紧接着成立了微视产品部，这样就给用户提供了更多的便利条件。通过该产品，用户可以将自己拍摄的视频上传到朋友圈等公共范围内，满足各种社交需求。除了研发更好的产品，扩大社交网络覆盖面积，腾讯在挖掘社交关系方面还付出了较大的力度，为手机QQ、微信、手机QQ空间等产品提供了更好的战略资源，不断地完善其生态链，打造功能更强的社交生态圈。

其次是深度挖掘各种社交基因，使平台商业化发展更加迅速。在用户端，腾讯致力于打造集娱乐、购物、交通等为一体的闭环生态圈，其主要的实现手段就是借助移动社交打造"一站式"的移动生活平台。而在企业端，腾讯则试图加快平台商业化的进程。在这样的基础上，腾讯已经在腾讯开放平台、微信公众平台上进行了初步的尝试。

腾讯开放平台主要面向的用户是广大的开发者，他们可以利用平台所提供的各种资源进行软件或游戏的开发，而腾讯的获利方式则是通过腾讯微博、腾讯游戏等使用流量增加利润。另外，腾讯社交平台还整合了很多社交开放平台，例如微信平台、手机QQ平台等，这样用户就可以通过多个入口实现对腾讯的访问。同时，由于多入口，庞大的用户数量也得到了分流，大大地提高了用户的访问速率。这种开放的平台模式给访问者带来极大的便利性，因此吸引大量的开发者加入到该生态系统中，提高了腾讯生态系统的市场竞争力。

微信公众平台是在微信基础上推出的一个移动社交平台，进入该平台的企业可以借助平台的便利，发布一些企业信息进行宣传。微信平台是一个自媒体平台，它允许个人发布信息。同时，微信公众平台还开放了外链接功能，用户可以通过这个功能访问自己想要访问的网页，通过这种方式提升商家的外部流量转化能力。另外，腾讯还尝试通过微信公众平台卖广告，逐渐进入一种商业模式，很多原来的微博用户都成为广告内容的提供者，微信平台不仅吸引了更多的用户，同时提供的内容也更加优质，促进了腾讯的发展。

在微信阅读数和点赞数方面，微信也已经公开发展，公众账号的活跃度量化使得广告营销的依据更加清晰。根据这些数据，发布广告的人就可以更好地选择阅读量大或者是点赞数高的公众号进行广告投放。这样微信不仅扩大了自身的商业价值，同时也实现了商业化的流量变现。

微信的关系链是全新的，它并不是将QQ或者手机通讯录中的好友全部复制出来而形成的。在微信中的好友，他们基本上是生活中比较熟悉的人。而腾讯正是利用这一点为企业提供非常优质的营销服务。当企业得到这些数据以后，经过分析研究，最后推送出符合用户需求的产品或者服务，这样不仅可以增加用户数量，也可以不断提升用户的忠诚度。

再次就是以社交为中心，打造移动生态。微信是重要的社交工具，但是腾讯的战略并不止于此，而是要发展集多种功能为一体的移动生态圈。用户可以通过移动终端进行支付，利用互联网等信息平台进行电子交易等。

微信用支付链条把线上线下连接起来，形成一个O2O生态闭环。其中包含用户、商品、服务等，共同形成一个完整、丰富的移动端生态系统。为了实现这一目的，腾讯内部在很多方面进行了整合。同时还进行电商大整合，例如将腾讯电商控股公司撤销，将易迅等电商业务并入京东等。除此之外，腾讯还将O2O业务并入微信事业群，这一举措有着双重的益处，一方面促进了微信业务的发展，另一方面，微信的发展又稳固了O2O业务。

对于微信来说，连接移动生态圈线上线下的两大入口就是二维码和地图+LBS，在强化和稳固O2O生态圈的过程中，它们的作用是至关重要的，但是真正将微信生态封闭起来的要素却是微信钱包。用户可以通过微信钱包进行支付或者购买商品，这使得微信除了即时通信之外，又形成了生态化的交易闭环。

对于手机QQ来说，为了迎合用户需求，腾讯推出了多屏融合的新功能，用户可以在电脑、手机、电视之间随意转换，实现PC端与移动端的优势对接，进行功能上的互补。手机QQ将生活中的社交方式引入进来，挖掘"兴趣社交"，同样开发QQ钱包，满足人们各种生活服务的需求。

最后就是成为移动社交的领军人物，引领未来移动网络的发展趋势。到目前为止，移动社交已经进入高速发展的时期，并且逐渐趋向于成熟。从目前的发展情况来看，移动产品已经具有很多种形态，并且已经跨平台融入到人们的生活中，为用户提供更加方便快捷的服务。腾讯拥有庞大的客户群体，凭借着微信和手机QQ逐渐形成垄断市场的趋势，在移动社交领域逐渐成为佼佼者。

移动社交平台化、生态化是未来行业发展的一大趋势，这一点，从腾讯、新浪等企业的发展过程就能够得知。腾讯社交生态的发展完善，给各种移动社交产品多元化发展提供了一个非常好的机遇，它进行跨平台、跨行业的整合，在产品中融合了很多生活服务功能，使人们的生活更加便捷。在微信和QQ的引领下，移动社交将会逐渐平台化、生态化。

腾讯作为互联网企业的领头羊，在移动社交中占有很重要的地位，对于移动社交市场的发展具有非常重要的影响。通过腾讯的发展，我们可以预测出未来移动社交市场的发展趋势，从一定程度上来说，是腾讯引领了未来的发展趋势。随着移动社交产品的更新，人们的生活将发生日新月异的变化。

第五节　百度的智能硬件闭环生态系统

从2014年开始,百度开始同智能硬件领域展开合作,将其战略命名为Baidu Inside,从这个战略中人们可以看出,百度已经决心打造智能硬件生态系统。其主要的运营方式就是利用百度原有的网络平台和接口,与智能硬件企业相结合,给它们的产品销售提供平台,使信息管理更加便利化。换句话说,百度想要通过构建一个智能生态系统,成为该领域的翘楚。那么百度具体是通过什么样的方式进军智能硬件领域,并且在这个领域中建立起平台为用户提供技术服务呢?

2015年2月,百度向智能硬件行业提供的技术服务主要有4种,即LBS位置服务、语音识别技术、图像识别技术以及云存储技术。百度在智能领域最初的发展也是凭借LBS技术实现的。在百度建设智能硬件运营模式的过程中,LBS技术是一项不可或缺的元素,因此百度在进行结构调整以后,将该技术建设成独立的移动事业群组。

百度联合联发科共同推出了百度鹰眼的新方案。该方案最主要的功能就是向用户提供位置轨迹服务,通过百度鹰眼,用户可以清晰地知道自己当前所处的地理位置或者查询和存储位置轨迹。不仅如此,在这个产品上还配备了SDK接口供开发者使用。

从百度鹰眼的服务上来看,其主要的功能就是查询和存储位置轨迹,而这种服务功能主要是以LBS技术为主要的支撑。这种技术可以存储大量的信息，搜索信息的准确度非常高，可以将误差控制在1%之内，这些优势都为百度鹰眼提供了强有力的发展基础。除此之外，开发者还能够通过百度鹰眼对数据进行直接的处理，他们只要把数据连接到百度云端，就能够在后台运行操作，进行直接处理。除了这些功能之外，开发者还可以对数据进行测试，不断地完善产品功能等。

从目前的发展形势来看，百度鹰眼已经在产品设计中广泛应用。例如一家生产运动装备的企业，他们利用百度鹰眼设计出了一款智能化的儿童运动鞋。通过该运动鞋，用户可以进行定位，还能获取儿童在运动过程中所产生的信息，得到这些信息以后，家长可以将其上传到百度云上，然后百度云再把处理过的信息反馈到家长的手中，这样，家长就可以迅速地了解到孩子的运动情况以及健康状况。

为了满足用户的各种需求，很多智能硬件企业在产品的前期设计环节中进行大规模的投资，极大地提高了企业的运营成本。这时百度鹰眼为智能硬件提供了技术方面的支持，如果智能硬件企业能够与百度合作，并且很好地利用百度鹰眼，那么将会极大地缩减产品的前期投资，同时也减少了产品设计所耗费的时间。这样一来，就会有越来越多的企业加入进来，使得LBS技术平台的覆盖范围不断地扩大。

尽管百度在智能硬件领域具有非常大的优势，但是在发展过程中也并非没有难处。除了在电脑终端提供技术支持以外，百度还想将互联网的优势运用到智能硬件领域中去，但是互联网模式在智能硬件领域中或许很难发挥作用。互联网思维最显著的特点就是免费和快速更新，而智能硬件的特点与此不同，它既包括硬件的特点，也包括软件的特点，无论是在智能硬件的设计环节，还是在经营模式方面，甚至在获利方式上，它都与互联网思维具有很大的差异性。

从产品的设计环节来看，智能硬件领域产品无论是产品质量还是产品功能上都有非常高的标准，从产品设计到最后呈现在用户面前，需要经过非常长的一段时间，其中包含着非常多的环节，只要其中某一个环节出现问题，就会对产品产生非常大的影响。百度运营的平台形式最主要的目的就是让智能硬件企业以一种快速的新方式来发展，如果企业都采用这样的发展方式，那么制造出来的产品就会同质化，竞争激烈的同时，产品也会不断地更新以获取良好的市场地位，这时产品质量就是一个非常严峻的问题，很有可能会影响品牌的形象。

从经营模式方面来看，智能硬件产品需要从很多的方面入手，例如设计、运送系统等。但是无论从哪个方面来看，百度都没有占据大的优势地位，这就会对百度产品的生产、营销、管理等提出更高的要求。

从获利方式来看，互联网思维的获利方式主要是依靠大量用户而产生的，它们总是通过一些免费的方式将用户吸引过来，将其储备成自己的用户基础，再推出各种付费活动，以此来获利。但是这种方式在智能硬件领域可能并不是非常适用，如果智能硬件以这样的方式进行存储，那么企业在运营过程中就会损失非常大的利润，对企业发展造成非常不利的影响。

在百度规划的宏伟蓝图中，它希望借助平台优势建设智能硬件领域的整体系统，通过技术支撑最后实现自己的领导力量。同时百度也希望自己的搜索功能能够向更深的层次迈进，最终同智能硬件企业达成一种共识，建立起稳定的合作关系。

前景是非常美好的，但是在具体的建设过程中仍然会充满各种挑战。百度是在互联网的基础上发展起来的，智能硬件产品又存在自己的特点，百度如果想在今后的发展过程中取得较好的成绩，就要按照硬件产品的运营规律来进行，然后不断地去满足市场的发展需求，最终以产品的发展优势来获得用户的信赖。互联网思维对于百度并不适用，如果非要套用互联网的运营模式，那么企业产品就很难满足用户的需求，同时对于我国智能硬件行业的发展也会产生较大的阻碍。

第六节 阿里巴巴的商业生态圈

在商业兴国理念的不断推动下,一些企业致力于结合自身特色,采用不同的手段和方式去构筑自己的商业生态圈,打造出属于自己的商业生态系统。其中阿里巴巴就是一个非常成功的企业,它通过自己的方式建立起创新型商业生态圈,在产品方面不断地更新、发展,使产品之间建立起良好的联系,通过内在的创造力,推动商业生态圈朝着更加广阔的范围发展迈进。

阿里巴巴从1999年创办,发展到今天仅仅只有十几年的时间,却成为国内最好的互联网公司,建立起各种领先的业务,例如电子商务、B2B网上交易市场、网上支付等。到目前为止,阿里巴巴已经基本上完成了电子商务生态系统的构建工作,其旗下已经包含非常多的系统,例如淘宝、支付宝、口碑网、天猫商城、聚划算等,成为一个家喻户晓的大集团。

纵观阿里巴巴的发展历程,十几年的路程并不是一帆风顺的,它也曾经经历过创伤与失败,但是最终却克服了种种困难存活了下来,并且正在以一个非常美好的发展态势前进着,创造一个又一个的奇迹。为什么阿里巴巴能够在残酷的市场竞争中,克服种种磨难与挑战生存下来,最终建立起辉煌的阿里王国,这些都是国内企业应该深入研究的问题。

首先,阿里巴巴明确自己的发展战略,为生态圈的构建提供非常强大的动力。发展战略对于企业的发展具有非常重要的作用,从某种程度上来说，制定一个正确的战略就相当于已经跨入了成功的大门。这一点很多企业都已经证明过，只有制定符合自身特点的战略才能更好地取得成功。一个良好的战略愿景对于企业发展的作用是非常大的，它可以为企业制定企业战略、业务战略和战略保障体系提供非常重要的指导与参考，同时在企业文化和品牌建设方面也具有非常大的推动作用。阿里巴巴的战略愿景为生态圈的构建提供了非常重要的动力。

阿里巴巴的战略愿景需要从三个角度进行理解：首先就是成为一个跨越3个世纪的世界著名企业，持续走过102年的发展路程；其次就是对自身的网站建设不断地完善，在市场竞争中取得优势地位，跻身于世界著名十大网站行列；最后让阿里巴巴遍布全世界，只要人们想要成为商人，想要进行买卖交易，就要使用阿里巴巴。在这样宏伟目标的推动下，阿里巴巴建立商业生态圈充满了动力，并且在战略愿景的基础上更加全面和深入地进行探索。

其次，通过顾客视角+创新文化，为生态圈的构建奠定了非常坚实的基础。阿里巴巴之所以会成功，除了制定非常明确的战略愿景之外，对内部创新机制和文化建设也高度关注，为商业生态圈的构建输送出重要的能量。它围绕顾客的视角进行探索研究，对顾客的价值和外部的市场进行充分的利用，然后从内外进行结合，为构建创新型商业生态圈打好根基。

以顾客视角出发是企业寻求发展的重要手段。如果说创新文化是品牌核心理念内化所产生的结果，那么顾客视角就是一种外在的展示。企业在发展过程中如果始终坚持顾客视角，那么就能够始终从顾客的角度去思考，将顾客的产品需求和服务需求放在第一位，尽可能地去满足。同时还可以这样理解，企业始终坚持顾客视角的发展战略，就是将顾客的需求作为衡量产品价值的唯一标准。

阿里巴巴之所以会不断地发挥创造力，推陈出新，展示出更多的新产品，主要是由于其以顾客视角为中心，将为顾客提供最大化的价值和满足为发展目标。这一点，从阿里巴巴发展过程的每一个动作中都能够有所体现，包括设计架构网站、建设拥有海量信息的交流平台、帮助国内供应商连接国际买家等，阿里巴巴都尽可能地满足顾客需求，帮助他们获得最大化的价值，在这一方面，其他的竞争对手是无法超越的。

最后，实施双向战略，促使生态圈产业链的协同。战略愿景为构建商业生态圈提供了动力，顾客视角为商业生态圈提供了发展的基础，在这样的发展情形下，阿里巴巴最重要的一步就是寻找切入点，这对构建商业生态圈具有非常重要的意义。在发展过程中，阿里巴巴实施横向与纵向一体化战略，开展了六大业务，包括软件服务、在线支付、B2B、C2C、搜索引擎、网络广告，完成了涵盖中小型企业电子商务化各大环节的战略布局，同时还不断地推动产业链的发展完善，最终实现产业链之间的协同作用。

从精准的切入点方面来看，阿里巴巴寻找的精准市场切入点，为其构建商业生态圈提供了最适合的突破口。经过初步发展以后，阿里巴巴发现了一个电子商务发展中最关键的问题，那就是诚信，并且认定它在B2B领域中起着决定成功的重要作用，于是准确地抓住了这一关键的因素。为了避免缺失诚信所导致的交易风险和交易成本，使消费者在消费的过程中更加放心，阿里巴巴专门推出了诚信通服务，通过信用评价对平台上的商户进行评估，从而实现阿里巴巴对不法商户的监管作用。

诚信通对平台上的商户发展有着很重要的作用，因此商户要想使用诚信通，还需要花钱购买，这时，阿里巴巴就有了另外一条盈利的途径。这种服务不仅给消费者提供了商户诚信的保证，同时在一定程度上还增加了阿里巴巴的盈利，给企业发展运作提供了资金支持。总之，阿里巴巴推出的诚信通服务，有效地解决了电子商务发展中的诚信问题，同时还开辟了新的盈利途径，为企业发展找准了方向，提供了较大的发展动力。

从横向一体化战略方面来看，阿里巴巴依旧将资源整合作为发展的工具，不断地挖掘资源价值，并且通过一体化战略不断地扩大电子商务生态圈，使企业规模越来越大。

在 B2B 的发展基础上，阿里巴巴对资源价值进行充分的挖掘和利用，然后对市场环境进行仔细的研究与分析，开始向 C2C 领域进军。阿里巴巴在与 eBay 的市场份额竞争中取得了较大的胜利，其主要的方式就是通过各种免费策略和正确的营销策略。

2007 年，阿里巴巴正式进军管理软件领域，其标志就是阿里软件的推出。从此简单的商业信息提供平台正式在原有的服务基础上向用户提供管理软件，更加方便用户的后台管理。阿里软件具有非常明显的特点，它向用户提供的并不是大型的企业管理软件，而是一些比较常用的财务管理软件，其重要的服务对象为中小型企业。通过这一项目，人们对阿里巴巴的依赖性更强，更加展现出阿里巴巴在用户服务方面的重要性。

阿里巴巴正式进军广告服务领域的标志是阿里妈妈的上线，这一项目具有非常巨大的颠覆性意义。它改变了传统的广告模式，为广告供需双方提供了一个交流沟通的平台，客户群体也非常广泛，可以包括阿里巴巴的中小企业主、企业用户、淘宝店铺等。在发展过程中，阿里妈妈不断地借鉴阿里巴巴的成功运营经验，同时还综合了阿里巴巴的多种优势，例如搜索功能、安全支付、诚信体系等，形成一个具有鲜明特色的互联网广告服务模式。

从纵向一体化战略方面来看，阿里巴巴将商业生态圈的范围拓展到了搜索与支付的领域。它与横向一体化战略同时展开，促使商业生态圈的发展规模越来越大。

在阿里巴巴刚成立的时候，国内的支付领域还没有诚信度比较高的第三方支付机构，网络支付的安全性根本无法保证。针对这种状况，阿里巴巴展开了行动，推出了"支付宝"，它能够有效解决网络支付的安全性问题，让消费者在购物时没有后顾之忧，全心投入到享受网络购物的便利和乐趣当中。支付宝推行的制度是"全额赔付"，这给予了消费者极大的消费保障，从而促进了支付宝的发展壮大。它应用的范围非常广泛，除了在阿里巴巴和淘宝网使用之外，还独立应用在很多个领域。不仅如此，支付宝的功能也在不断加强，除了手机充值、网络支付等各种支付功能之外，还推出了理财产品，如余额宝等，使消费者的使用频率越来越高。

实施纵向一体化战略是阿里巴巴重要的发展方式，其最直接的体现就是对雅虎中国的收购。如今很多网络交易都要使用搜索的功能，阿里巴巴将雅虎中国收购以后，之前雅虎中国的所有搜索技术都被阿里巴巴所得，同时阿里巴巴还能够对电子商务上游的产业链进行控制，这样阿里巴巴的电子商务发展就更加便利化，减少了很多不必要的阻碍。

从产业链的协同方面来看，阿里巴巴将B2B作为突破口和切入点，通过双向一体化战略运用，构建起囊括B2B、C2C、在线支付等业务的电子商务生态圈，各种业务之间相互联系和影响，相互协同又相互支撑。阿里巴巴不断地进行资源整合，挖掘各项业务的最大化价值，实现产业链的协同，促使阿里巴巴更加迅速地发展起来。

纵观阿里巴巴的发展历程，其凭借战略愿景、企业战略和战略保障体系三个关键点构建起电子商务生态圈。尽管该商业生态圈已经相对比较完备，但是仍将面临很大的挑战，例如后来兴起的专业细分网站对阿里巴巴充满威胁等。面对各方面的压力，阿里巴巴在未来的发展道路上必须不断地发展完善，最终将商业生态圈的各种势力和价值都发挥到最佳。

第七节　汽车之家的汽车生态圈

随着电商的迅速发展，汽车行业也融入其中，汽车之家致力于打造一个汽车生态圈。在 2016 年 10 月下旬，汽车之家就开始公布了"双十一"疯狂购车节的安排。这一次参与汽车活动的品牌有一汽大众、一汽丰田等 70 多个品牌，同时汽车之家对用户购车进行补贴，并且呈现逐年上涨的趋势。

每年"双十一"都是各大网站最为忙碌的时候，京东、天猫等电商平台会在这个期间开展汽车促销活动，而汽车之家的疯狂购车节也安排在这个时间段，虽然大家都是对汽车的促销，但是汽车之家与天猫、京东等电商有着本质上的区别。综合性电商平台更加倾向于商品的交易完成，是通过用户和商品连接完成的。只要交易完成，平台的功能和作用就完成了很大一部分。而汽车之家并非如此，它包含的并不只是交易，同时还有服务的输出以及产业链的协同。

另外，在业务模式上，汽车之家和电商也存在着很大的差异，这体现的不仅仅是二者的不同，同时也能从中看到汽车不同于其他商品的属性。汽车属于高价值耐用消费品，因为价值高，所以人们购买时并不是轻易就决定购买，因此线上线下的流量定律对于汽车销售来说，作用并不是很大。就好像一家汽车 4s 店，它所处的位置对它的销量并没有太大的作用，市中心的位置并不一定比郊区的销售量更好。同样的，在线上流量密集的综合电商那里，人们将大量的资源和资本投入进去，但是盈利状况却并不一定有多好。买汽车的慎重性要远远高于买衣服之类的商品，汽车销售需要产业协同资源和服务资源相配合带动，但是综合性电商平台并没有这些资源，也就无法带动汽车销量。

购买一辆汽车对于消费者来说并不是件难事，他们只要在线下付款提车或者是线上付款线下提车，只需要很短的时间就能够完成。但是对于销售人员，销售一辆汽车就是一件非常复杂的事情，汽车销售是一个很长的链条，交易完成只是链条中的一个简单环节。

通常来说，消费者购买一辆汽车就相当于购买了一系列的服务，消费者要咨询汽车的相关性能、保险、申请贷款、售后维修保养等各方面的事宜，这些服务都是与汽车销售密不可分的。总之，汽车销售与服务有着非常大的关系，影响消费者消费决策的就是能否提供一站式服务。

在过去，汽车之家没有丝毫的电商经验，但是到了2016年，进入汽车电商的第四个年头，就已经发展得相当不错。之所以会取得这样的成绩主要取决于其发展模式。在过去，汽车之家并不从事交易，只是向消费者提供汽车消费信息。但是经过多年的发展，汽车之家已经成为向消费者提供内容促使消费者建立消费决策的重要入口，并且成为距离汽车消费者最近、对消费者的消费倾向最了解的公司。那么相比较而言，线下的4s店了解消费者的需求吗？在很大程度上也是了解的，但是线下的4s店众多，消费者相对来说是分散的，而汽车之家是一个整体，它能对消费者的购买需求进行数字化的存储，并根据这些数据去发现消费者的规律与共性，制定更好的销售模式。

尽管天猫、京东等综合性电商平台也会对消费者的需求进行数字化的存储，但是相比较而言，它们对消费者的需求并不是十分明确，因为综合性的产业渗透深度毕竟是有限的。它的平台有几百万个SKU，做得最好的综合性电商也就是把下单、支付、退换货、配送等这些与实际交易有关的事情做好，想要再进一步就非常困难了。因为深度渗透与综合性电商的业务逻辑并不相符，所以，综合性电商所能做的就是整合一些第三方服务环节，但是对于服务环节的控制能力却十分缺乏，因此最终会影响到消费者的消费体验。

从销售的根本上来说，综合性电商获取利益的方式就是卖汽车，但是汽车电商却不同，它是通过提供一系列完善的服务来促进汽车销售，二者从性质上来说就有很大的不同。虽然在电商方面京东和天猫都处于领先水平，但是在汽车电商方面，它们还有所欠缺，仍处于不断摸索的阶段。但是汽车之家已经在汽车领域发展多年，具有深厚的积淀，对上、下游产业链的渗透度都非常深，很早就开始了汽车电商生态园的建设，拥有较强的竞争实力。

汽车之家正在着力构建汽车生态圈。2016年，汽车之家疯狂购车节呈现出三个特点，即消费者服务升级、产业链共生、金融助力。从服务方面来看，汽车之家已经覆盖了所有的链条，车险、车贷、维修保养、汽车周边等，这些服务看上去非常容易完成，但是要想完成得非常出色，就是一件比较困难的事情。

在汽车生态圈中，每一个环节的发展都需要其他要素进行协同与配合，汽车厂商、金融机构等，动员的产业要素越多，产生的效果就会越大。汽车之家在汽车领域经营发展多年，已经积累起了很深厚的关系，各种环节之间的协同能力非常强，这一点是其他电商所不及的。

汽车之家各环节的协同能力强，比较直接的一个例子就是在车贷和车险方面。汽车之家大股东平安集团，旗下参与到疯狂购车节的保险代理人就有100多万，汽车之家为用户补贴3亿元，其中平安产险和平安银行也将联合补贴1.2亿元，并且与汽车之家在移动端实现流量共享。

平安的主营业务就是保险，疯狂购车节有它的参与，车险方面就拥有了非常充足的资源，消费者在这里可以享受到在其他地方享受不到的优惠，这就给疯狂购车节增加了极大的优势。尽管在车贷方面，平安也比较擅长，但是这一次疯狂购车节却引进了多家金融机构的参与，向广大的消费者提供内容丰富的各种汽车贷款业务，这种方法也是一种比较典型的生态圈构建手法。

汽车之家从事汽车电商的路径，主要围绕信息、服务、产业、电商等几个要素展开。而综合性电商建立平台的方式是抢占入口，二者之间存在的差别是非常大的。汽车之家不仅将自身发展成为产业中的一个重要环节，同时还非常注重对产业的深度渗透，抓住汽车消费者的需求与产业链的其他环节进行协同，通过数据共享机制与智能技术，将消费者的需求与产业有机的结合，形成一个互助共生、共同繁荣发展的生态系统。

第八节　迪士尼的游乐生态圈

迪士尼是一个世界闻名的企业，尤其在游乐园方面更是家喻户晓。迪士尼之所以能够获得如此大的成就，与良好的管理与运营有着非常大的关系。迪士尼 CEO 罗伯特·伊格尔曾经在接受采访时表示，无论市场竞争有多么激烈，迪士尼公司都有非常强的信心。事实上，迪士尼公司超强的自信主要源自罗伯特·伊格尔的互联网思维。

在商业发展方面，罗伯特·伊格尔受到乔布斯的影响很大，二人之间的友谊对于伊格尔的思维塑造有着重要的帮助作用。在乔布斯的启发下，伊格尔认为迪士尼赚钱根本不靠主题公园。

据相关的数据报道，在 2015 年财年，迪士尼总收入大约为人民币 3457.6 亿元，这一收入水平已经超过了同年中国三大互联网巨头 BAT 的总收入之和。但是从迪士尼的各种收入比例来看，其主要的收入来源并不是人们十分关注的主题公园，而是电影与网络业务，大概占总收入的 44%，而迪士尼乐园度假村仅占 30.8%，电影娱乐所占的份额比较小，仅为 14%。

迪士尼是一家拥有完整文娱产业链的公司，但是公司最挣钱的项目并不是迪士尼 IP 产品本身，而是一个 O2O 的媒介生态。迪士尼完备的产业链布局备受中国电影业以及娱乐业的羡慕，因为它具备完美的五大业务板块，即媒体网络、影视娱乐、主题公园和度假村、互动娱乐以及消费品。

这五大业务板块为迪士尼的 IP 构建了一个极为生动的生态版图，它既可以流转又可以增值，对迪士尼的发展具有非常大的促进作用。这种生态布局看上去比较简单，但是理解起来却并不容易。

1996 年迪士尼花费 190 亿美元收购了 ABC 以及其附属的电视网、ESPN 体育频道等业务，从目前的发展来看，迪士尼总收入的四成以上都是依靠这些收购来的业务实现的。从 2005 年开始，迪士尼公司就加紧了自己的收购步伐，先后收购了乔布斯旗下的皮克斯工作室、漫威动画、卢卡斯影业等，这些收购来的公司也不失所望，贡献了迪士尼大部分的电影票房。不仅如此，近些年来，迪士尼大部分深受人们欢迎的新卡通形象都是由这些公司来设计完成的。在过去的十年间，迪士尼花费了 150 亿美元将曾经牢牢占据的儿童市场夺回。通过收购皮克斯、漫威以及卢卡斯影业，该公司获得了当前流行的各种娱乐热点以及父母们所喜爱的各种怀旧内容，同时也将主流娱乐节目的特许经营权控制到了自己的手中。同时，迪士尼最近两年一直在尝试新的发展渠道，和索尼 PlaystationVue 一起开设了新的付费频道，还和阿里巴巴一起开发了互联网电视机顶盒"迪士尼视界"等。

罗伯特·伊格尔表示，迪士尼的战略重点是利用新的平台和技术接触到更加广泛的人群，使与消费者的关系得到不断的提升。近些年来，迪士尼公司一直在邀请硅谷人士担任其独立董事，迪士尼进入硅谷所取得的成绩也是人尽皆知的，它主要通过收购进军社交和移动游戏市场。2007 年，迪士尼花费 3.5 亿美元将儿童社交游戏网站企鹅俱乐部收购，2010 年又收购了 iPhone 游戏创业公司 Tapulous。在 Tapulous 的基础上，迪士尼又成立了移动部门。同年，迪士尼又收购了社交游戏开发商 Playdom，花费金额高达 5.632 亿美元。

在科技领域，迪士尼具有非常高的敏锐性，不断推动虚拟现实内容的发展，其发展的方式依旧是通过收购与合作，最后建立起一个"IP+媒介+内容+主题公园+科技"的迪士尼生态圈。该生态圈的健康发展主要因素是伊格尔的互联网思维，这种思维我们可以从三个方面去理解，即流量思维、IP思维和科技思维。

所谓流量就是指人，公园就是体验入口。尽管迪士尼乐园已经闻名世界，在几个重要的城市都建起了乐园，但是它们并不是都能够盈利。从媒体报道的数字中可知，2016年香港迪士尼公布的财报显示其已经第二次陷入了亏损状态；巴黎的迪士尼乐园开放17年之久竟然只有2年是盈利的；但是美国、日本的迪士尼却盈利可观，利润可达到10亿美元级。2015年东京迪士尼的收入构成中，门票所占的比例还不到四成，而餐饮住宿和商品经营两个方面就各自贡献了大约30%的收入比例。

虽然主题公园的盈利比较可观，但是其不是迪士尼公司主要的收入来源。具体来说，迪士尼的主要收入是线上的媒体及电影娱乐，而迪士尼乐园只是线下的体验活动。如果迪士尼乐园并不能盈利，就好像人们免费使用互联网一样，甚至有时还会出现补贴模式。

随着人们旅游意识的不断增强，迪士尼的游客也不断增多。东方航空就成为第一家与迪士尼公司签约全球合作框架的公共运输类公司，在增量乘客方面，每年迪士尼乐园的游客都控制在1300万到1500万，其中有20%到30%的游客是航空运输带来的。据估计，上海迪士尼乐园将带来300万到400万游客的增量，这将极大地增加东方航空的利润空间。这里体现的就是迪士尼的流量思维。

在IP思维中，媒介是延伸，而内容才是入口。迪士尼电影除了票房收入以外，更能够体现在媒介的延伸上。《冰雪奇缘》是迪士尼公司推出的一部影片，并且取得了非常好的票房。因为该电影中的故事俘获了全世界的观众，全球对和电影有关的消费品的需求还在持续地增长。在美国假日消费季，好几个不同类型消费品的销售纪录都被《冰雪奇缘》打破，仅艾莎娃娃在美国的零售收入就高达 2600 万美元。而《冰雪奇缘》公主裙在不到一年的时间内全美卖出 300 万条，收入大约为 4.5 亿美元。除此之外，各种关于《冰雪奇缘》的衍生品都持续上涨，充分展示出衍生品市场的无限潜力。

除了《冰雪奇缘》之外，迪士尼推出的每一部电影都会带动衍生品市场的发展。这就是典型的"IP+内容+媒介"生态圈，故事的内容、视觉化表现都变成流量入口，媒介就是延伸，电影内容是营销，其衍生消费品热卖是一件非常自然的事情。

迪士尼的科技思维是想象力，也是发展的驱动力。想象力与科技的关系密不可分，迪士尼创始人沃尔特·迪士尼曾经说过，只要是世界上存在想象力，迪士尼乐园就不会关门。在迪士尼乐园中，很多设施都运用了比较先进的科技，甚至有些还走在世界的最前沿。迪士尼不仅能够给人们童话，同时还存在很多"黑科技"，迪士尼乐园的土壤经过了严格的处理，即使小朋友不小心误食也不会出现任何问题。而游乐项目"创极速光轮"这个由迪士尼幻想工程所开发的创新型动态驾乘系统就是黑科技的运用。由此可见，迪士尼不仅擅长向游客兜售梦想，同时还是一家世界级科技公司。

总之，在与乔布斯的交往过程中，罗伯特·伊格尔受到了非常大的启发，形成了颠覆性的新思维，建立起了属于自己的迪士尼生态圈。

附录

商业生态圈的特征

随着商业模式的多样化发展,商业生态圈所表现出的特征也越来越明显,相比较而言,商业生态圈的很多特征都与自然生态圈极为相似。

通常来说,商业生态圈的特征大致可归纳为以下六点:

一是生态圈中系统成员的多样性。多样性这一概念来自生态学,生态系统中,每一种生物都在环境中充当着非常重要的角色,通过各个物种之间,物种与环境之间的相互依存的关系,形成多条完整的食物链并且构成非常复杂的食物网,从而形成一个良好的生态系统体系。和自然生态系统一样,一个完整的商业生态圈,系统成员也具有多样性的特征,这种特征对商业生态圈的健康、持续发展有着非常重要的意义。首先,当企业在不确实的环境中生存的时候,系统成员多样性会起到很好的缓冲作用,以免企业结构太过于单一,一时间难以适应发展变化。其次,多样性对于商业生态系统的价值创造具有非常重要的意义。系统成员多样化,思维发展自然就多样化,这样就能创造出更多的价值。最后,商业生态系统实现自组织的先决条件就是系统成员多样性。

二是商业生态系统以企业生态位分离为基础。生态位是指一个生物单位对环境适应性和资源利用的总和。当两个生物共同利用同一资源,或者对某环境变量共同占有的时候,就会出现生态位重叠的现象,这时候,生物之间的竞争就出现了,经过激烈的竞争,两个生物不能占领相同的生态位，即产生生态位分离。商业生态圈也是一样，同类企业对资源的需求通常是比较相似的，产品和市场的基础十分相近，这样一来，它们之间的生态位重叠程度就非常大，之间的相互竞争就更为激烈。因此，企业发展要尽量采用与其他企业不同的生存技巧，找到最能发挥自己作用的位置，然后实现与其他企业生态位的分离，只有这样，商业生态圈的发展才会更好。那些成功的企业都是能够找到属于自己生态位的企业，一旦生态位分离，竞争就减少了，企业间的发展空间更为广阔。

三是商业生态系统呈网络状结构。商业生态系统具有模糊的边界，尤其是虚拟商业生态系统，这种特征更为明显，这种模糊性主要体现在两个方面。一方面，每一个商业生态系统不仅会包含很多小的商业系统，同时它还是一个更大的商业系统的一部分，因此这个商业系统的边界并不清晰，需要根据自己的发展需求而定。另一方面，一个企业可以同时存在于多个商业生态系统中，是很多个商业生态系统中的构成角色。这种没有边界的生态系统，逐渐相互交织成为一个网状的结构。

四是商业生态系统中关键成员对于系统健康发展具有支柱作用。在自然生态系统中，各个物种可以根据自己的作用被划分为优势种、伴生种和偶见种等，其中优势种在生态系统中具有极为重要的地位，能够对整个群落产生控制性影响，因为种群中一旦失去优势种，整个群落就会受到极大的影响，甚至改变群落的性质，促使环境发生变化。商业生态系统与之相似，关键企业在抵御外界干扰方面起到了非常重要的作用。当一个生态系统遭遇到外界的影响时，关键企业可以起到一个缓冲的作用，保护整个系统的结构和多样性特征，以便更加健康地发展。

五是商业生态系统具有自组织的特征，并且处于不断完善进化的状态。自然环境会随着自然力或者人为的因素发生改变，通过各种调节来完成生态平衡发展。商业生态环境的影响因素众多，因此总是处于不断发展的过程中，通常情况下，只要条件满足，生态系统的自组织就不会停歇下来。总之，商业生态系统也会随着环境的变化，优胜劣汰，不断地总结发展过程中的优势，不断地进化。

六是商业生态系统的动力或者是运作主要是来自系统内部的各个要素或者是各个子系统之间的相互作用力，并不是来自系统外部或者是整个商业生态系统的最上层力量。商业生态系统是一个非常复杂的系统，各个组织之间需要相互协同才能共同进步和发展，而协同最根本的思想就是自主地、自发地通过子系统相互作用而产生的系统规则。从这种思想出发，商业系统复杂性模式的出现事实上就是通过底层子系统的竞争和协同作用而产生的，并不是由外部指令。系统中的各个子系统经过各种竞争，最后达成一种协同，在这种机制下，产生一种或几种趋势，然后逐渐引导系统朝更加有序的方向发展。因此，从整体来说，商业生态系统是一个非常复杂的适应系统，按照某种特定的规则，低层次的不同个体、不同种类之间相互作用，最后对整个系统起到推动作用，向着更高的层次有序地进化。

电子商务商业生态圈的构建

电子商务商业生态圈是由多条交错链接的生态子系统构建而成的。一个电子商务商业生态圈主要包括电子商务生态主体、电子商务生态环境以及贯穿于电子商务生态系统中的各种信息流。要构建电子商务商业生态圈，首先要明确其功能在于电子商务主体因子与环境因子之间的相互作用关系。通常情况下，其主要功能体现在以下几个方面：

首先是协同进化功能。企业电子商务生态圈的进化动力主要来自于电子商务生态圈中的各个主体成员之间不断地竞争合作，最后达成一种协同作用，实现共同进化。在企业电子商务生态系统的各个子系统之间进行协同的过程中，它们相互作用，相互影响，并且不断地根据企业发展需求做出自我调整，实现发展的平衡状态，从而使得商业系统中出现新的结构顺序，最终实现协同进化的结果。

其次是生态平衡。在企业电子商务生态系统还处于稳定发展的状态时，其中包含的各个子系统，它们之间的信息流的流向和流量都始终处于稳定畅通的状态中，一旦其中的一种平衡被打破，那么整个商业生态圈的整体平衡就会受到影响。因此，企业电子商务生态系统需要保持与整个生态系统的一致性、稳定性，避免出现信息垄断、信息侵犯、信息超载等问题。

再次是信息共享。企业电子商务生态系统是为了体现电子商务群体中主体之间相互依存的关系，从信息共享的角度出发，为电子商务群体构建起一个平台，让各个群体能够享受生态化、智能化的共生信息，而并不是要以电子商务生态系统中某一个单独的电子商务主体的利益作为发展中心。

最后是电子商务商业生态圈具有自组织和他组织的功能。从理论上来说，当系统处于一种平衡状态时，受到的外部影响非常小。这时，如果外部影响作用力不够，那么就不足以对这种平衡状态产生冲击，系统的平衡状态就会暂时出现偏离的现象，但是这种偏离很快就会衰减甚至消失，自发地达成一种平衡状态。但是当外界的冲击力足够大的时候，这种冲击力就会造成内部组成元素之间的相互作用，使整个系统处于不稳定的状态，甚至失去平衡的状态，而这种外部的影响就叫作他组织的作用。

那么构建电子商务商业生态圈应该遵循哪些原则呢？通常情况下，构建一个健康的电子商务商业生态圈需要从以下三个方面进行考虑：

首先是系统性原则。在自然生态系统中，通过传递能量、转化物质形式和层级结构发生质变，促使自然生态系统具有非常强的非线性和复杂性，不断地发展生态系统的协调能力是一种不能忽视的保持生态系统稳定平衡的力量。电子商务商业生态圈也同样如此，企业电子商务生态圈也具有这样的协调机制，生态系统中的各成员通过不断的协调作用，促使各个子系统之间、各个子系统与环境之间保持紧密的相互作用和联系，并且使这种状态一直持续存在。

其次是互动性原则。电子商务生态系统中各个要素之间都不是独立存在的，它们之间相互关联、相互影响。尤其是电子商务生态系统中的信息流动情况和流向会随着外部环境的影响不断地变化，处于一种增长的状态。在电子商务生态主体和电子商务生态环境二元网络的相互作用下，电子商务生态圈中的各种关键因素之间的联系也会发生重要的变化，因此，构建电子商务商业生态系统应该遵循互动性的原则。

最后是开放性原则。企业电子商务生态系统的构建应该是由多个部分组成的，包括电子商务生产者、电子商务传递者、电子商务消费者和电子商业分解者。因此电子商务生态系统的层级结构会随着外部动态环境的变化而不断改变。在整个生态系统中，各个电子商务主体的发展并不一定要按照一个特定的方式，而是可以按照各自发展的需要以一种动态的方式选择自己的合作对象，从而使生态圈的发展具有更高的灵活度。

互联网金融商业生态圈的构建

互联网时代的到来,促使互联网企业凭借自身的发展优势在金融价值链条上从事相关的各种金融业务,不断地吸引其他主体加入到平台中,例如基金、银行、信托、广告公司等,各种金融业务之间通过不断交换信息流、资金流来实现价值增值,同时又与外界经济政策环境、产业政策环境等各个方面进行相互作用,最终形成不同的关系链、利益链和数据链组合成的自组织互联网金融生态圈。

互联网金融生态圈结构是由主体、内外部环境和关系构成的。互联网金融生态圈中的主体主要是指一些活跃在互联网金融活动中的个体相关者,例如从事资金借贷的双方,包括各种投资人、理财用户、商户以及企业等,从资金借贷关系方面来看,资金需求方是生产者,位于资金食物链的最底端,而消费者是资金借出方,在食物链中处于高端位置。其他各种企业和个体都是分解者。外部环境涵盖的范围也比较广泛,包括货币财政政策、产业政策、宏观经济环境等。内部环境主要是指支持开展互联网金融业务的软硬件环境和条件等,它可以包含丰富的应用场景、基础设施等。整体说来,内外部环境是指对互联网生态中的金融服务或者交易活动起到支撑作用的各种因素,例如在一个业务体系中,表面核心部分有融资、理财等业务板块,但是内部隐藏起来的真正的核心包括云计算、信用体系以及大数据等底层平台。

互联网金融商业生态圈中的关系主要包括各个主体之间的关系、主体与金融环境之间的关系、系统间各个子系统的关系。各种关系中体现出来的是资金流、信息流的交换及价值的增值等。以阿里巴巴为例，其平台下几亿商家和用户之间每天都在不断地进行着交易行为，产生庞大的资金流数据，给发展金融提供了良好的条件。这些产生出来的庞大数据，存储在云平台，然后被大数据引擎挖掘出来进行分析，从而使得交易双方都获得自己感兴趣、有需求的东西，从而制定好的金融产品，满足其金融需求，最后实现价值的增值，形成多方共赢的局面。

要想构建健康的互联网金融生态圈或者生态系统，通常情况下，要拥有以下几个要点：

首先，要具备各种基础设施。一个完整的金融生态圈必须要具备云计算、大数支付与征信体系等各种基础设施的搭建，从而能够给生态圈发展提供全方位的支持。

其次，在有了底层平台基础之后，生态圈要创造出众多的生活消费场景，为各个企业提供各种各样的金融产品服务，开展各种经营业态，例如互联网理财、众筹、第三方支付、互联网证券等；将生态系统中的种群全部连接起来，形成一个完整协同的体系，包括银行、基金等传统的金融机构，小贷公司、融资租赁公司、典当行等金融机构，甚至还包括个人投资者等。

最后，在海量存储的云平台基础上，对数据进行深度挖掘和分析，将有效的信息提取出来，为整个金融生态所服务，由此形成以云计算、大数据为最底层，信用体系为基础，支撑包括支付、投融资、理财、保险、银行等在内的多种业务的"平台＋金融＋数据"的互联网金融生态圈，通过对资源的不断整合和利用，最终实现有效价值的创造，形成多方共赢的局面。

影视行业商业生态圈的构建

影视行业原本只是一个传统的行业,但自从有互联网迅速地进入,由前期到后期的发行,这个行业逐渐走向颠覆时代。之前传统的影视圈仅仅依靠的是贴片广告与票房的盈利模式,在近几年,阿里巴巴、百度、腾讯等互联网巨头开始慢慢涉足影视行业,进行互联网思维的运作,它们开始渗透至整个影视产业链的各个环节,构建影视产业的全新商业模式,迎来了整个产业一系列的变革。

随着三网联合、多屏合一时代的到来,中国影视行业的产业链也发生着深刻的变革。从影视内容制作方面来分析,互联网打破了影视的"资源屏障",同时还扩充了影视的发展空间;从影视营销上分析,传统的影视营销正在慢慢减弱,能够融合大数据、社交粉丝经济的互联网营销逐渐有了一定的影响力。"互联网+影视"的深度融合使得影视生态圈有了一定的变革,影视开始发展了起来。

互联网对影视行业产生了一定的影响,相应地,影视行业也同样影响着互联网的崛起。随着移动互联网的发展与移动支付功能的开通,互联网企业对影视行业的改造首先表现在营销方式与购票环节上。渐渐地,互联网企业加快了进军影视圈的步伐,开始在影视制作产业链上进行改变,阿里巴巴创立了自己的影视公司，百度与腾讯也投资了影视公司，同时还扩展了电影发行业务。

那么构建影视互联网公司究竟可以带来什么样的好处呢？

首先，我们需要用传统的影视与互联网影视进行比较。在传统的影视行业中影视制作方与观众之间都相互不了解对方，直到电影上映的时候，观众才知道放映出来的究竟是什么电影，制作方也才知道观众是否会喜欢这种类型的电影。如果观众喜欢则双方有利，如果观众不喜欢，那么前期投资就石沉大海，一去不回。但如果是互联网影视则会轻而易举地解决这个问题，它会先基于大数据来分析一下用户的喜好，拥有了数据分析的结果，制作方就可以进行作品的筹拍。这样，在电影发行的后期会适当地降低风险。

以前，中国的电影市场大部分仅集中在一二线城市，而一些小城市，还有县城根本就看不了电影，因为不方便。而有了互联网的介入就发生了巨大的改变，如今，手机屏幕随处可见，这也成为了影视作品播放的主要渠道。

传统的影视播放内容只能通过电视机在固定的时间里播放，或者从影视制作单位购买，这种方式不仅难以满足观众的迫切心情，而且也带来了一定的消费问题。根据市场发展的需求，影视作品的版权费逐渐增高，热门电视与热门节目的费用也相当高，但有了互联网影视之后，就可以分析出大数据，知道用户的喜好，对应的企业也可以用最低的成本做出好的节目。观众也可以通过互联网缓解自己迫切的心情，足不出户也可以看到自己喜欢的影视节目。

影视行业商业生态圈的构建不仅改变了传统影视的观看方式，让观众从最初的电影屏幕拓宽至电脑屏幕,甚至是手机屏幕,而且还为人们提供了方便,企业与观众也节省了一定的资金,实现了多屏观看的渠道,多渠道盈利的模式。《十三》在未来的时间里,互联网一定会在影视行业占据一个重要的地位,更好地满足观众的需求。